AF357253

Catalogue général

De la Librairie Française et Étrangère

DE J. P. AILLAUD,

À Paris, quai Voltaire, N° 21.

Livres de Fonds et en Nombre.

* Galerie de Florence et du Palais Pitti, dessinée par Wicar, et gravée sous la direction de MM. Lacombe et Masquelier, par les premiers artistes de France, avec les explications de M. Mongez, membre de l'Institut. Imprimée sur papier vélin nom de Jésus, superfin, satiné, et fabriqué exprès, grand in-folio, 50 livraisons. Ouvrage complet. 600 f. p. 1200 f.
— Idem, sur papier de Chine, dont il n'a été tiré que quatre exemplaires. 900 f. p. 1800 f.
— Idem. Livraisons 49 et 50. 40 f. p. 48 f.
— Idem, figures avant la lettre. 80 f. p. 96 f.

Abrégé du Cours de littérature de La Harpe, par Perrin, 2 vol. in-12. Paris, 1821. 4 f. 75 c. p. 7 f.
Benoît, de la Liberté religieuse, in-8°. Paris, 1819. 4 f. p. 6 f.
Bible (la sainte) avec les notes et dissertations de Vence, 25 gros vol. in-8° et atlas in-folio avec cartes et vues (belle édition). Paris, 1822. 125 f. p. 187 f. 50 c.
Bigland, Histoire politique et militaire de l'Europe, depuis 1783 jusqu'en 1819, 3 vol. in-8°. Paris, 1819. 16 f. p. 25 f.
* Blackstone, Commentaires sur les lois anglaises, avec les notes de Christian, nouvelle traduction par M. Chompré, faite sur la 15e édition de 1820, 6 gros vol. in-8°. Paris, Didot, 1823. (Belle édition). 38 f. p. 48 f.
* Bordes, Tableau des Guerres et de la Politique de l'Europe, 2 vol. in-12. Paris, 1810. 2 f. 50 c. p. 5 f.
* Bignon (membre de la chambre des députés), des Proscriptions, 2 vol. in-8°, 1821. 8 f. p. 12 f.

Cet ouvrage où l'auteur passe en revue l'histoire des proscriptions depuis la plus haute antiquité jusqu'à nos jours, avec l'application des leçons du passé à l'histoire de notre temps, et à la politique actuelle, doit attirer l'attention de toutes les personnes qui étudient l'histoire.

* Bonaparte (Louis), ex-roi de Hollande; Documens historiques et Réflexions sur le gouvernement de la Hollande, 3 vol. in-8°. Paris, 1820. 9 f. p. 18 f.

Cet intéressant ouvrage renferme l'histoire du règne de l'auteur en Hollande, et contient une infinité de choses neuves du plus haut intérêt sur l'histoire du temps, qui le rendent, sans contredit, le monument historique le plus important qui existe sur les événemens de cette période à jamais mémorable.

Bossi, Storia d'Italia antica e moderna. Milano, 1822, 19 vol. in-8°, avec cartes, figures et médailles. 100 f. p. 133 f.
— Le même, 19 très-gros vol. in-18, avec les mêmes cartes et figures. 70 f. p. 95 f.

Cette histoire du chevalier Bossi est la plus parfaite, et la plus profonde de toutes les histoires d'Italie qui existent. La renommée européenne de l'auteur en est un sûr garant.

Bossuet, Sermons, 7 gros vol. in-8°. Versailles, 1816. (Très-belle édition). 32 f. p. 42 f.

Bossuet, Discours sur l'Histoire universelle, 2 vol. in-12. Paris. 3 f. 50 c. p. 5 f.

* Cambiste (le) universel, ou Traité complet des Changes, Banques, Monnaies, Poids, Mesures, et Réglemens de commerce de toutes les nations, par Kelly, traduit de l'anglais par Bulos, 2 vol. in-4°. Paris, 1823 (cartonné avec élégance). 36 f. p. 42 f.

Cet ouvrage un des plus utiles qui aient jamais été publiés, et dont le titre indique suffisamment le but, ne manquait au commerce que parce qu'il fallait faire des frais immenses pour obtenir les documens nécessaires. Le gouvernement anglais a dépensé, depuis quelques années des sommes considérables pour faire venir tous les poids, mesures et monnaies en usage dans toutes les parties du globe. M. Kelly a été chargé d'en former un Traité complet à l'usage du commerce. Nous l'avons fait traduire, en ayant soin de tout faire calculer aux unités françaises, c'est-à-dire, au franc, au litre, au mètre, etc. Nous avons cru devoir compléter cet ouvrage indispensable au commerce, en y joignant les détails sur les places de France, et principalement sur les banques et les opérations de la Bourse de Paris.

* Camoens, os Luziadas, ediçao conforme à de 1817 publicada em Paris pelo Morgado de Matteus, in-32. Paris, 1823. 4 f. p. 5 f.

Chef-d'œuvre de typographie de M. Firmin Didot. Imprimé sur papier vélin superfin satiné, et orné d'un portrait et d'un frontispice avec vignettes gravées à Londres, sur acier, par Fry.

Casti, Animali parlanti, 3 vol. in-18. Parigi, 1823, 5 f. p. 7 f. 50 c.

Charron, de la Sagesse, avec notes par Amaury Duval, membre de l'Institut, 3 vol. in-8°. Paris, 1822. 13 f. 50 c. p. 18 f.

Comte de Valmont, ou les Égaremens de la raison, par Girard, 6 vol. in-12, figures. Paris, 1821. 15 f. p. 21 f.

Condorcet, Esquisse d'un Tableau historique des progrès de l'Esprit humain, in-18. Paris, 1821. 2 f. p. 3 f.

* Cours d'Économie politique, ou Exposition des principes qui déterminent la prospérité des nations; ouvrage qui a servi à l'instruction de LL. AA. II. les grands-ducs Nicolas et Michel, par H. Storch, conseiller d'état, instituteur de LL. AA II. Seconde édition, enrichie de notes explicatives et critiques, par J.-B. Say; 4 gros vol. in-8°. Paris, 1823. 22 f. 50 c. p. 30 f.

* Degérando, Histoire comparée des systèmes de Philosophie, nouvelle édition refondue par l'auteur, 4 vol. in-8. Paris, 1823. 21 f. p. 28 f.

* Dictionnaire nouveau de poche, italien-français et français-italien, rédigé sur tous les Dictionnaires des deux langues publiés jusqu'à ce jour, particulièrement sur la dernière édition du Vocabulaire de la Crusca, sur ceux d'Alberti, Cormon, Baretti, Martinelli, Lavaux, de l'Académie française, etc., etc., par *Barberi*, auteur de la Grammaire des Grammaires italiennes; 2 vol. in-16, d'environ 600 pages chacun, imprimés à trois colonnes, sur beau papier. 7 f. p. 10 f.

Ce Dictionnaire contient un tiers de plus que tous les Dictionnaires en petit format publiés jusqu'à ce jour, ce qui est constaté par des astérisques qui distinguent tous les nouveaux mots qui ne se trouvent pas dans les Dictionnaires de Lauri, Martinelli, Hamonière, etc.

Essai sur la Constitution pratique, et le gouvernement d'Angleterre, par Amédé R**. in-8. Paris, 1821. 4 f. 50 c. p. 6 f. 50 c.

* Félice, Leçons de Droit de la nature et des gens, 4 vol. in-12. Paris, 1817, 8 f. p. 12 f.

Florian, OEuvres complètes, 24 vol. in-18. Paris, avec 24 figures. 16 f. p. 24 f.

— Le même, papier fin, avec 128 jolies gravures, 24 vol. in-18. 40 f. p. 60 f.

— Numa Pompilius, 2 vol. in-18. Paris, figures. 1 f. 50 c. p. 3 f.

— Fables, in-18. Paris, (jolie édition) avec figures. 1 f. p. 1 f. 50 c.

— Don Quichotte, 6 vol. in-18, figures. 4 f. 50 c. p. 6 f.

Fournier, Nouveau Dictionnaire portatif de Bibliographie, contenant plus de 23,000 art. de livres rares, curieux, estimés et recherchés, avec les marques connues pour distinguer les éditions originales des contrefaçons, et des notes instructives sur la rareté ou le mérite de certains livres : on a fixé la valeur d'après les prix auxquels ces livres ont été portés dans les ventes les plus fameuses. Seconde édition. Paris, 1809, 10 f. p. 12 f.

— Idem, grand papier, format in-4, dont il n'a été tiré que très-peu d'exemplaires, 18 f. p. 24 f.

* Godwin, Recherches sur la population et sur la faculté d'accroissement de l'espèce humaine, contenant une réfutation des doctrines de M. Malthus sur cette matière, trad. de l'anglais par F.-S. Constancio, 2 vol. in-8. Paris, 1821. 9 f. p. 12 f.

Ouvrage extrêmement piquant, et faisant le complément forcé de l'Essai sur la population, de M. Malthus.

Guené, Lettres de quelques Juifs portugais, etc., à M. de Voltaire, 3 vol. in-12. 6 f. 50 c. p. 10 f. 50 c.

Histoire d'Angleterre par Helme, traduite de l'anglais, 2 vol. in-8, 1823. 5 f. 50 c. p. 7 f. 50 c.

Holbach, la Morale universelle, ou la Morale fondée sur la nature, 3 vol. in-8. Paris, 1820. 10 f. p. 15 f.

* Lanjuinais, Collection des Constitutions de France. Paris, 1819, 2 vol. in-8. 10 f. p. 14 f.

Lemonier, Leçons de Littérature et de Morale, 2 vol. in-12. Paris, 1822. 5 f. p. 7 f.

Ce choix, dans le genre de celui de Noël, lui est supérieur sous tous les rapports.

Le Sage, OEuvres choisies, contenant Gil Blas, le Diable Boiteux, Gusman d'Alfarache, le Bachelier de Salamanque, Théâtre, et Estevanille, 14 vol. in-12. Paris, 1821, Didot, ornés de 40 charmantes vignettes. 42 f. p. 64 f.

— Le même, 16 vol. in-18 avec les mêmes gravures. 24 f. p. 36 f.

— Gil Blas, 4 vol. in-12, même édition et mêmes gravures. 12 f. p. 18 f.

— Le Diable Boiteux, 2 vol. in-12, même édition, jolies gravures. 5 f. 50 c. p. 8 f.

——— 2 vol. in-12, figures. 3 f. p. 4 f. 50 c.

— Le Bachelier de Salamanque, 2 vol. in-12, belles figures, Paris, 1820. 5 f. 50 c. p. 8 f.

Liaisons dangereuses, par Laclos, 2 vol. in-12. Paris, 1820, avec jolies figures. 5 f. p. 7 f. 50 c.

Lucrèce, de la Nature des choses, traduit par Lagrange. Paris, 1822. 2 vol. in-18. 4 f. 25 c. p. 6 f.

* Malthus, Principes d'économie politique, traduit de l'Anglais et avec des notes, par F. S. Constancio (traducteur de l'Économie politique de Ricardo), 2 vol. in-8°. Paris, 1820. 10 f. 50 c. p. 14 f.

Marshall, Agriculture pratique des différentes parties de l'Angleterre. Paris, 1803. 5 vol. in-8° et Atlas in-4°. 15 f. p. 36 f.
Ouvrage infiniment intéressant pour ceux qui pratiquent l'agriculture.

Massillon, Sermons. Paris, 1822. 15 vol. in-12. 30 f. p. 45 f.
— Idem, 13 vol. in-8°. Paris, 1821, avec portrait; (belle édition.) 60 f. p. 91 f.
— Petit Carême in-18. Paris, 1823. 1 f. 40 c. p. 2 f.
— Idem, (Renouard), in-18. 1 f. 25 p. 1 f. 50.
— Morceaux choisis, in-18. ster. d'Herhan. 1 f. p. 1 f. 50.
Maximes de La Rochefoucault, avec notes, par Auguis, in-18. Paris, 1822; (très-jolie édition). 2 f. p. 3 f.
Mentelle, Géographie classique et élémentaire, 2 vol. in-12. Paris, 1813. 3 f. p. 6 f.
Millot, OEuvres complètes, 12 vol. in-8°. Paris, 1820. 54 f. p. 84 f.
— Élémens d'Histoire générale, 9 vol. in-12. 16 f. p. 24 f.
— Idem, 10 vol. in-12, Paris, 1820. 20 f. p. 30 f.
— Idem, 11 vol. in-12, 1821. 22 f. p. 33 f.
— Élémens de l'Histoire d'Allemagne, 3 vol. in-8°, Paris, 1807. 12 f. p. 18 f.
Molière, OEuvres complètes, avec notes, par Auguis, 8 vol. in-18. Paris, 1823, avec de très-jolies figures, (charmante édition.) 16 f. p. 24 f.
Montaigne, Essais, avec notes etc., par Amaury Duval, membre de l'Institut. 6 vol. in-8°. Paris, 1822; (belle édition.) 27 f. p. 36 f.
* Montesquieu, OEuvres complètes. 8 vol. in-18. Paris, (Cazin.) 8 f. p. 12 f.
— Idem, 8 vol. in-12. Paris, 1822. 14 f. p. 24 f.
— Idem, accompagnées des commentaires de M. de Tracy sur l'Esprit des lois; les notes de Voltaire, Condorcet et Helvétius. 8 vol. in-8°. Paris, 1822; portr.; (belle édition.) 33 f. p. 44 f.
— Idem, en grand pap. vélin satiné. 120 f. p. 168 f.
* Molière, OEuvres complètes avec les commentaires, notes et préfaces de M. Petitot; 6 vol. in-8°. Paris, 1823. Imprimés sur de très-beau papier, et ornés d'un portrait gravé par M. Dequevauvilliers, et de douze figures, dessinées par M. Buguet, et gravées par d'habiles artistes. 28 f. p. 42.
* — Les mêmes, figures avant la lettre, papier satiné. 36 f. p. 54 f.
* Ricardo, Principes de l'économie politique et de l'impôt, traduit de l'Anglais par F.-S. Constancio, avec des notes critiques et explicatives, par J.-B. Say, 2 vol. in-8°. Paris, 1819. 9 f. p. 12 f.
Say, Considérations sur l'industrie et la législation, sous le rapport de leur influence sur la richesse des états, et Examen critique des principaux ouvrages sur l'économie politique, in-8°. Paris, 1822. 4 f. 50 c. p. 6 f.
* Shakspeare, OEuvres, traduits de l'anglais par Letourneur, 12 vol. in-18. Paris, 1824. 20 f. p. 30 f.
Seybert, Annales statistiques des États-Unis, fondés sur les documens officiels, publiés par ordre du congrès, enrichis de 600 tableaux, in-8°. Paris, 1820. 5 f. 50 c. p. 8 f.
Théâtre complet des Latins, par Levée et l'abbé Monnier; avec le texte latin en regard, augmenté de dissertations, etc., par Amaury Duval et Alex. Duval, membres de l'Institut, 15 vol. in-8°. Paris, 1822; (belle édition.) 75 f. p. 100 f.
Théâtres étrangers (Collection des), contenant Shakspeare, Schiller, Alfieri, et un choix des Théâtres espagnols, italien et anglais, 29 vol. in-18. Paris, 1824. 50 f. p. 72 f. 50 c.
Trésor (petit) des langues italienne et française, ou Traité des tropes et figures des deux langues, à l'usage des deux nations, par Barberi, in-8. Paris, 1822. 3 f. 50 c. p. 5 f.
Vatel, Droit des gens, 2 vol. in-8°, 1820. 7 f. p. 10 f.
* Villeterque, Veillées philosophiques, ou Essais sur la morale expérimentale et la physique systématique, 2 vol. in-8°. Paris, 1821. 6 f. p. 10 f.
Ouvrage d'un intérêt très-piquant.

Visconti, ses OEuvres, contenant le Musée Pie-Clémentin, Iconographie romaine, et Musée Chiaramonti, 8 vol. in-8°. avec un très-grand nombre de figures. Milan, 1818. 160 f. p. 250 f.

Collection des petits formats Cazin, *connue depuis long-temps pour la commodité de son format (* petit in-18), *la pureté de son exécution, et le grand nombre de figures dont elle est ornée. — Chaque ouvrage se vend séparément.*

PRIX DES RELIURES :

En veau doré sur tranche, avec filets, 1 f.
En basane.   Idem   85 c.
Avec la remise de 33 un tiers pour cent.

Première classe, à 1 fr. le volume.

Amours d'Ismène et d'Isménias, trad. du grec, par Amyot, 1 vol.
— Idem, en anglais, trad. par Lemoine, 1 vol.
Autant en emporte le vent, ou Recueil de pièces fugitives, 2 vol.
Bonheur (le), par Helvétius, 1 vol.
Chefs-d'OEuvre dramatiques, etc., de Dorat, 3 vol.

Chansonnier français, ou Recueil des meilleures chansons connues, avec les airs notés, 7 vol.
— (le nouveau), 2 vol.
Entretiens de Phocion sur la morale et la politique, par Mably, 1 vol.
Flèches d'Apollon, ou nouveau Recueil d'épigrammes, tirées des poëtes anciens et modernes, 2 vol.
Geneviève de Cornouailles, ou le Damoisel sans nom, par Mayer, 1 vol., fig.
Laure et Félino, leçons d'amour, etc., par Mayer, 1 vol.
OEuvres de Duval (Valentin-Jameray), contenant ses mémoires et ses lettres, 3 vol. avec portrait.
OEuvres choisies de Lafontaine, 1 vol., fig.
OEuvres de Vergier, contenant ses odes, fables et contes, 3 vol., portrait.
Olinde, roman, par l'auteur du Vicomte de Barjac (le marquis de Luchet). 1 vol.
Poésies de Bérenger, contenant ses fables et autres œuvres, 2 vol., fig.
OEuvres du marquis de la Fare, 1 vol., fig.
OEuvres de Méro, contenant Cosme de Médicis, poëme épique, odes, contes, etc., 1 vol., portrait.
OEuvres fugitives et Contes de Piis, 1 vol.
OEuvres poétiques de Vernes fils, 1 vol.
Satires de Régnier, 2 vol., portrait.
Théâtres de Piis et Barré, 2 vol.

Seconde classe, à 1 fr. 25 c. le volume.

Aminte du Tasse, traduit en français, 1 vol.
Amours de Daphnis et Chloé, trad. du grec de Longus, par Amyot, 1 vol.
Arsace et Isménie, Temple du Goût et autres œuvres de Montesquieu, 1 vol.
Cécilia, roman de miss Burney, trad. de l'anglais, 7 vol.
Choix de petits romans, par le marquis de Paulmy, 2 forts vol.
Choix de poésies érotiques, contenant les Baisers de Jean Second, et autres pièces légères et galantes, 2 vol., fig.
Confessions de J.-J. Rousseau, 8 vol.
Cousin de Mahomet, 2 vol., fig.
Création (la), poëme, par Vernes de Genève, 1 vol.
Dunciade (la), poëme de Palissot, auquel on a joint la Dunciade de Pope, en français, 1 vol., portrait.
Évelina, roman de miss Burney, trad. de l'anglais, 3 vol., fig.
Fables de La Fontaine, 2 vol., portrait.
Hymne au Soleil, et autres poëmes, par l'abbé Reyrac, 1 vol., portrait.
Jonathan Wild-le-Grand, par Fielding, 2 vol.
Laure, ou Lettres de quelques personnes de Suisse, 5 vol., fig.
Lettres d'Héloïse et Abélard, par Colardeau et autres, 2 vol., portraits.
Lettres d'une Péruvienne, par madame de Graffigny, 2 vol.
Mémoires de madame de Staal, 3 vol., portrait.
Morale de Confucius, 1 vol., portrait.
OEuvres poétiques de Bertin, 2 vol., portrait.
OEuvres complètes de Colardeau, 3 vol., portrait.
OEuvres complètes de Gilbert, 2 vol., portrait.
OEuvres choisies de Saint-Réal, 4 vol.
OEuvres complètes de Boileau, 2 vol., portrait.
OEuvres choisies de madame Deshoulières, 1 vol., portrait.
Saisons de Saint-Lambert, 1 vol., fig.
Voyage de Chapelle et Bachaumont, etc. 1 vol., fig.
Vie de Marianne, par Marivaux, 4 vol.

Troisième classe, à 1 fr. 50 c. le volume.

Analyse de la Sagesse de Charron, 2 vol.
Aventures de Guzman d'Alfarache, par Lesage, 2 vol., fig.
Aventures de Robinson Crusoé, 4 vol., figures.
Aventures de Télémaque, 3 vol.
Bélisaire, par Marmontel, 1 vol., fig.
Chefs-d'OEuvre de Pope, contenant l'Essai sur l'homme, la Boucle de cheveux enlevée, etc., 1 vol., portrait.
Contes de la Fontaine, 2 vol., portrait.
Delille, les Jardins, 1 vol.
Henriade de Voltaire, 1 vol., portrait.
Henriade travestie, 1 vol.
Histoire de Clarisse Harlowe, trad. de Richardson, 11 vol., fig.
Histoire de Gil-Blas, 5 vol.
Histoire du Chevalier Grandisson, trad. de Richardson, 7 vol., fig.
OEuvres de Bernard, contenant l'Art d'aimer, et autres œuvres; 1 vol., fig.
OEuvres de J.-B. Rousseau, contenant ses odes, etc., 2 vol., portrait.
OEuvres de J.-J. Rousseau, 37 vol. avec 26 fig.

(5)

On vend séparément les ouvrages suivans : Contrat social, 1 vol.
Discours sur l'Inégalité parmi les hommes, 1 vol.
Du Gouvernement de Pologne, 1 vol.
Émile, 5 vol.
Nouvelle Héloïse, 7 vol., fig.
Confessions, 8 vol.
Mélanges et Dialogues, 8 vol.

Les 26 figures séparément 8 fr., net. 6 fr.
OEuvres de Fontenelle, 7 vol., fig.
On vend séparément les ouvrages suivans du même : Éloges, 4 vol.
Pluralité des Mondes et Dialogues des Morts, 2 vol., fig.
Histoire des Oracles, et Poésies diverses, 1 vol.

OEuvres de Montesquieu, 8 vol.
On vend séparément les ouvrages suivans de même : Esprit des Lois, 4 vol.
Grandeur des Romains, 1 vol.
Arsace et Isménie, Temple de Gnide, etc., 1 vol.

OEuvres galantes d'Ovide, 2 vol., portrait.
OEuvres choisies de Vadé, 2 vol., portrait.
OEuvres de Racine, 4 vol.
Poésies de Sapho, suivies de poésies érotiques, 1 vol., portrait.
Poésies fugitives, de Voltaire, 1 vol.
Pucelle d'Orléans, par Voltaire, 1 vol., portrait.
Religion (la) et la Grâce, poëme de Racine fils, 2 vol., portrait.
Roman comique de Scarron, 3 vol., fig.
Théâtre de Brueys et Palaprat (choix du), 2 tomes en 1 vol., portrait.
Théâtre de P. et T. Corneille (chefs-d'œuvre du), 5 vol., portrait.
Théâtre de Crébillon, 3 vol., portrait.
Théâtre de Lanoue, 1 vol., portrait.
— de Voltaire (Chefs-d'œuvre du), 5 vol., portrait.
— de Destouches (Chefs-d'œuvre du), 3 vol., portrait.
— choisi de Lesage, 1 vol.
Théâtre de Regnard, 4 vol., portrait.
Vie de Voltaire, par Condorcet, 2 vol.

Quatrième classe, à 2 fr. le volume.

Richardet, poëme de Casteromaco, trad. en vers français, par Lefranc de Pompignan, 2 vol., fig.
OEuvres de Racine, 4 vol. avec figures.
Pucelle d'Orléans, par Voltaire, 2 vol., avec une figure à chaque chant.

Italiens.

Ariosto, Orlando furioso, 8 vol., portrait.
Bonarelli, Filli di Sciro, 1 vol.
Dante, la Divina Comedia, 3 vol.
Guarini, Pastor Fido, 1 vol.
Petrarca, Rime, 2 vol.
Pignotti, Favole e Novelle, 1 vol.
Tasso, Gerusalemme liberata, 2 vol., portrait.
— Aminta, 1 vol.
Tassoni, Secchia Rapita, 1 vol.

Assortimens en Nombre.

Aignan, Histoire du Jury, in-8, Paris, 1822. 4 f. 50 c. p. 6 f.
Alfieri, Théâtre, traduit de l'italien, 5 vol. in-18, Paris, 1822. 8 f. 50 c. p. 12 f. 50 c.
Alibert, Traité des Fièvres pernicieuses, in-8, Paris, 1820. 6 f. p. 7 f.
— Traité des Maladies de la Peau, 2 vol. in-8. 12 f. p. 14 f.
— Élemens de Thérapeutique, 2 vol. in-8, Paris, 1817. 16 f. p. 18 f.
Anquetil, Histoire de France, 15 vol. in-18, Paris, 1821. 21 f. p. 30 f.
Année apostolique, par Duquesne, Metz, 1803, 8 gros vol. in-12. 16 f. p. 24 f.
Arioste, Roland furieux, traduit par Tressan, 6 vol. in-18, figures, Paris, 1818. 6 f. p. 9 f.

Arnault, OEuvres dramatiques, La Haye, 1817-19, 4 vol. in-8. 16 f. p. 24 f.
Auguste Lafontaine, le jeune Enthousiaste, in-12 , Paris , 1821. 2 f. p. 3 f.
Authenac, Manuel médico-chirurgical, 2 vol. in-8, Paris, 1821. 10 f. p. 12 f.
Avrigni , Principes de Botanique médicale, Paris , 1821, in-18. 2 f. 25 c. p. 3 f.
Beaumarchais, OEuvres complètes, 6 vol. in-8, Paris, 1821. (Jolie édition.) 25f. p. 36 f.
Beautés de l'histoire d'Hollande et des Pays-Bas, 1 vol. in-12 , figures. 2 f. 50 c. p. 3 f.
— De Naples et de Sicile, in-12, figures. 2 f. 50 c. p. 3 f. 75 c.
Beccaria, Traité des Délits et des Peines, avec les notes de Diderot, Voltaire et Brissot de Warville, in-8, Paris, 1822.
4 f. p. 6 f.
Benjamin Constant, Cours de Politique constitutionnelle, 8 vol. in-8, Paris. 24f. p. 32 f.
Bernardin-de-Saint-Pierre, La Chaumière indienne, in-18. 1 f. p. 1 f. 50 c.
Berquin , l'Ami des Enfans, 12 vol. in-18 , figures, Paris, 1819. 11 f. p. 15 f.
Bibliothèque choisie pour les dames, rédigée par madame Dufresnoy, et publiée par Lefuel, 36 vol. in-18 , Paris, 1820 ,
ornés de charmantes gravures, et imprimés sur papier vélin, par P. Didot. 96 f. p. 144 f.

Ce charmant ouvrage contient un choix de tout ce que la littérature ancienne et moderne a de plus intéressant et de plus curieux.

Billon , Principes d'Administration et d'Économie politique des anciens peuples, appliqués aux modernes, in-8, Paris ,
1819. 4 f. 50 c. p. 6 f.
— Du Gouvernement des Romains considéré sous le rapport de la politique, de la justice, des finances et du commerce ,
in-8, Paris 1817. 3 f. p. 4 f.
Biographie des personnages étrangers vivans , 2 vol. in-8, Paris , 1819. 10 f. p. 15 f.
— Des Souverains qui ont péri de mort violente, 2 vol. in-12 , Paris, avec 8 figures. 4 f. 50 c. p. 6 f.
Biographie des Enfans célèbres , 2 vol. in-12 , avec 14 jolies gravures. 5 f. 50 c. p. 8 f.
Blackstone , Commentaire sur le code criminel d'Angleterre, 2 vol. in-8, Paris. 5 f. p. 7 50 c.
Blanc de Volx, de la Liberté de la Presse, et du Jury, in-8, Paris, 1819. 1 f. 40 c. p. 2 f.
Bonin, Principes de l'administration publique, 3 vol. in-8, Paris, 1822. 10 f. p. 18 f.
Bordeu, OEuvres complètes, avec la vie par Richerand, 2 vol. in-8, Paris, 1818. 12 f. p. 15 f.
Boucher, Consulat de la mer, 2 vol. in-8, Paris. 12 f. p. 15 f.
Boulanger, le Christianisme dévoilé, in-12, 1796. 2 f. 50 c. p. 4 f.
Brieslak , Traité de la Structure extérieure du Globe terrestre, 3 vol. in-8, et atlas in-folio, Milan, 1822. 40 f. p. 60 f.
Byron (lord), OEuvres complètes, traduit de l'anglais , 11 vol. in-18, Paris. 16 f. p. 22 f.
Cabanis, du Degré de certitude dans la médecine, 1 vol. in-8, Paris. 2 f. 25 c. p. 3 f.
— Coup d'œil sur les Révolutions de la médecine, in-8 , Paris. 5 f. p. 6 f.
— Rapport du Physique et du Moral de l'homme, 2 vol. in-8 , Paris, 1824. 12 f. p. 24 f.
Cabinet du jeune Naturaliste par Smith , trad. de l'anglais, 6 vol. in-12, avec 65 belles gravures, Paris , 1818. 16 f. p. 24 f.
Caillot, Pathologie générale , 2 vol. in-8, Paris , 1819. 9 f. p. 12 f.
Camper, OEuvres sur l'Anatomie comparée, l'Histoire naturelle et la Physiologie, Paris, 1802, 3 vol. in-8, et atlas in-
folio. 20 f. p. 36 f.
Casti, Les Animaux parlans, traduit en vers par Mareschal, 2 vol. in-8, Paris, 1819, port. 10 f. p. 14 f.
— Idem, traduit en prose par Paganelle, 3 vol. in-18, Paris, 1821, 5 f. p. 7 f. 50 c.
Catule , traduit par Noel avec le texte en regard, 2 vol. in-8, Paris , 1803, figures. 9 f. p. 12 f.
Christophe, Dictionnaire des auteurs classiques, 2 vol. in-8, Paris, 1805. 8 f. p. 12 f.
Choix de Rapports, Discours et Opinions prononcés à la tribune nationale, depuis 1789 jusqu'à ce jour, 20 vol. in-8 , Paris,
1821. 90 f. p. 120 f.
Cinq (les) Codes du royaume, précédés de la Charte constitutionnelle , 1 gros vol. in-12, Lyon, 1820. 3 f. 25 c. p. 5 f.
— in-32, Paris, 1821. 2 f. p. 3 f.
Code pénal, avec l'exposé des motifs et des débats, Paris , 1810, in-8. 2 f. p. 3 f.
— Idem, in-12 , 1810. 1 f, 25 c. p, 2 f.
Code général des États prussiens, 5 vol. in-8, Paris. 30 f. p. 36 f.
Collection maçonnique, contenant les cérémonies de tous les grades, etc, 6 vol. in-18, figures. 6 f. p. 9 f.

Collection des prosateurs français, Paris, Belin, grand in-8.
    OEuvres de Thomas, 2 vol. in-8 de 1400 pag. 12 f. p. 16 f.
       — de d'Alembert, 5 vol. in-8. 30 f. p. 40 f.
       — de Barthélemy (complètes), 4 vol. in-8, de 700 pag. 24 f. p. 32 f.
       — de Marmontel, 7 vol. in-8. 42 f. p. 56 f.
       — de Duclos, 3 vol. in-8. 18 f. p. 24 f.
Condillac, Logique, in-18, Paris, 1822. 1 f. p. 1 f. 50 c.
Constitution de la monarchie portugaise, in-8, Paris, 1822. 1 f. 50 c. p. 2 f.
Constitution des Carbonari, in-8 , Paris, 1822. 4 f. p. 6 f.
Conteur des Dames, ou Soirées parisiennes, 2 vol. in-12, figures, Paris, 1822. (Jolie édition.) 5 f. p. 7 f. 50 c.
Coran de Mahomet, traduit par Savary, 2 vol. in-8, Paris, 1821. 10 f. p. 12 f.
Corréard , Relation du naufrage de la frégate la Méduse, in-8, Paris, 1821, figures. 5 f. 50 c. p. 7 f.
Correspondance de Prosper et de Juliette, pour faire suite aux Étrennes d'une mère, 2 vol. in-18, figures. Paris, 1822.
2 f. p. 3 f.

Correspondance inédite et secrète de Franklin, ouvrage qui dévoile des faits très-importans sur les révolutions des États-Unis et de la France. Paris, 1817, 2 vol. in-8. 8 f. p. 12 f.

Cours de Gebelin, Histoire naturelle de la Parole, ou Grammaire universelle, avec des notes par M. Lanjuinais, pair de France. Paris, 1816, figures. 4 f. 50 c. p. 6 f.

Croizet, l'Année chrétienne, 18 vol. in-12. (Bonne édition.) 36 f. p. 54 f.

Demangeon, Physiologie intellectuelle, ou Développement de la doctrine de Gall, in-8. Paris, 1808. 4 f. p. 6 f.

Desodoards, Histoire de France, depuis l'origine de la monarchie jusqu'au commencement de la révolution, 18 vol. in-8. Paris. 1819. 65 f. p. 90 f.

Desquiron, Traité de la mort civile, in-8. Paris, 1822. 5 f. p. 7 f.

Destut Tracy, Commentaire sur l'Esprit des Lois, de Montesquieu, in-8. Paris, 1819. 4 f. 75 c. p. 6 f.

Dictionnaire des Abus féodaux, ou les Hommes et les Choses des neuf derniers siècles, par Regnault-Warin, in-8. Paris, 1820. 5 f. p. 7 f. 50 c.

Dictionnaire historique des hommes célèbres, 20 vol. in-8., fig. Paris, 1814. 90 f. p. 140 f.

Dictionnaire français, de Philippon-de-la-Magdelaine, revu par Boiste, in-8. Paris, 1823. 6 f. p. 9 f.

Dictionnaire (nouveau) de la langue française, le plus portatif et le plus complet, par Marguery, in-18 de 554 pages. Paris, 1818. 3 f. 60 c. p. 5 f.

Dictionnaire allemand-français et français-allemand, 2 vol. in-12. Strasbourg, 1820. 7 f. p. 10 f.

Dictionnaire d'anecdotes, 2 vol. in-12. 4 f. p. 6 f. Paris.

Diderot, OEuvres complètes, édition publiée par Naigeon, 15 vol. in-12. Paris. 30 f. p. 45 f.

— Idem, Paris, 1822, 22 vol. in-8. (Belle édition.) 100 f. p. 143 f.

— Jacques le Fataliste, in-18. Paris. (Jolie édition.) 1 f. 75 c. p. 2 f. 50 c.

— La Religieuse, in-18. Paris. (Jolie édition.) 1 f. 75 c. p. 2 f. 50 c.

Dix (les) Nouvelles, ou les Jeunes personnes à leur entrée dans le monde, par Choquet. Paris, 1822, 2 vol. in-12. figures. 5 f. 50 c. p. 8 f.

Drouin de Bercy, l'Europe et l'Amérique. Paris, 1821, 2 vol. in-8., fig. col. 8 f. p. 12 f.

Ducray Duménil, Nouveaux Contes des Fées, 4 vol., fig. 1822. 4 f. 50 c. p. 6 f.

— Fêtes des enfans, ou Recueil de contes moraux, 3 vol. in-18. Paris, 1822, figures. 3 f. 50 c. p. 4 f. 50 c.

Dupaty, Lettres sur l'Italie, in-18, 3 vol. Paris, 1819, figures. 3 f. p. 4 f. 50 c.

Dupuis, Origine de tous les cultes, 12 vol. in-8. et atlas. Paris. 50 f. p. 72 f.

— 7 vol. in-8. et atlas. Paris, 1821. 54 f. p. 64 f.

— Abrégé, in-8. Paris, 1821. 4. f. 50 c. p. 6 f.

— Idem, in-18. Paris. 2 f. 50 c. p. 3 f. 50 c.

Élémens de l'Histoire poétique, avec un très-grand nombre de figures, 2 vol. in-12. Paris, 1819. 4 f. p. 6 f.

Les Enfans de l'Abbaye, traduit de l'anglais par Morellet, 6 vol. in-18, figures. 5 f. p. 7 f. 50 c.

Érasme, Éloge de la folie, traduit par Barret, in-12. Paris, 1819. 1 f. 75 c. p. 2 f. 50 c.

Esprit de l'Église, ou Histoire ecclésiastique, depuis les apôtres jusqu'à nos jours, avec des considérations philosophiques et politiques sur l'Histoire des conciles et des papes, 8 vol. in-8. Paris, 1821. 40 f. p. 50 f.

Esprit des anciens philosophes, 5 vol. in-18. Paris, 1795. 5 f. p. 7 f. 50 c.

Essai sur l'Éloquence, ou Choix de préceptes et d'exemples recueilli des meilleurs auteurs anciens et modernes, in 12. Paris, 1817. 1 f. 70 c. p. 2 f. 50 c.

Essai sur la puissance temporelle des papes, 2 vol. in-8. Paris, 1818. 8 f. p. 12 f.

Fagots de Croquemitaine, in-18. Paris, 1821, figures. 1 f. p. 1 f. 50 c.

Femmes (les), leur influence et leur condition dans l'ordre social, par M. de Ségur, 3 vol. in-18. Paris, 1820. 5 f. 50 c. p. 7 f. 50 c.

— Le même, 4 vol. in-12, avec de jolies figures. Pap. vél. 10 f. p. 16 f.

Fénélon, OEuvres complètes, 10 vol. in-8. Paris, 1822. 40 f. p. 60 f.

— Idem, 19 vol. in-12. 38 f. p. 57 f.

— — Spirituelles, 4 vol. in-12. Paris, 1821. 8 f. p. 12 f.

— — Télémaque, 3 vol. in-18. Paris, Cazin, figures. 3 f. p. 4 50 c.

— — 1 vol. in 12, fig. Paris. 2 f. p. 3. f.

— — 2 vol. in-12, stér. d'Héran. 3 f. p. 4 f. 50 c.

— — 2 vol. in-18, stér. d'Héran. 2 f. p. 3 f.

Flore du Dictionnaire des sciences médicales, in-8., 90 livraisons. Paris, fig. col. 140 f. p. 180 f.

Fréville, Vies des enfans célèbres, 2 vol. in-12. Paris, 1818, fig. 3 f. 50 c. p. 5 f.

— Beaux traits du jeune âge, in-12, fig. Paris, 1822. 2 f. p. 3 f.

Galerie de madame la duchesse de Berri, dessinée et lithographiée sous la direction du chevalier Bonnemaison, par les premiers artistes de Paris, grand in-fol., 25 livraisons chacune (12 livraisons sont publiées). 15 f. p. 18 f.

Galerie des oiseaux du cabinet d'Histoire naturelle du Jardin du Roi, par M. Vieillot, les figures dessinées par M. Oudart, et coloriées au pinceau, in-4., 80 livraisons de 4 planches chacune. Il en paraît déjà 50. 4 f. p. 5 f.

Gall et Spurzheim, Recherches sur le système nerveux, in-4. Paris, 1809, fig. 12 f. p. 15 f.

Gault-de-Saint-Germain, Abrégé de l'Histoire de France, 3 vol. in-12. Paris, 1821. 8 f. p. 12 f.

Genlis (Mme de), Dictionnaire des étiquettes de la cour de France, des usages, mœurs et modes des Français depuis Louis XIII, 2 vol. in-8. Paris. 9 f. p. 12 f.

— Les Chevaliers du Cygne, 3 vol. in-8. Paris. 10 f. p. 18 f.
Gessner, OEuvres. Paris , 2 vol. in-8. avec 25 figures. 9 f. p. 13 f. 50 c.
— Idem , 4 vol. in-18 , avec fig. Paris, 1812. 5 f. p. 7 f. 50 c.
Gibbon de la jeunesse, ou Abrégé de l'Histoire de la grandeur et de la chute de l'Empire romain de Gibbon , par Caillot ,
  2 vol. in-12, fig. Paris, 1822. 6 f. p. 9 f.
Goerres, l'Allemagne et la révolution , in-8. Paris, 1819. 2 f. 50 c. p. 4 f.
Goguet , Origine des sciences, des lettres et des arts. Paris , 1820, 3 vol. in-8., fig. 14 f. p. 21 f.
Goldsmith , Histoire d'Angleterre , in-12. Paris, 1809. 2 f. p. 3 f.
Grafligny, OEuvres complètes, in-8. Paris , 1821. (Belle édition, charmantes figures.) 6 f. p. 9 f.
Grécourt, OEuvres, 4 vol. in-12, fig. 5 f. p. 8 f.
Guillon, La Fontaine et tous les fabulistes comparés, 2 vol. in-8. Paris, 1803. 6 f. p. 10 f.
Hamilton , Mémoires de Grammont, 2 vol. in-12. Paris, 1818 , fig. 3 f. p. 4 f. 50 c.
— 2 vol. in-32. Paris, 1823. (Jolie édition.) 2 f. 75 c. p. 4 f.
Harris, Hermès , ou Grammaire universelle , traduit de l'anglais par Thurot, in-8. Paris, 1801. 4 f. p. 6 f.
Helvétius, de l'Esprit, 2 vol. in-18. Paris , 1822. (Jolie édition.) 4 f. p. 6 f.
Histoire de plusieurs aventuriers fameux, augmentée de l'histoire de Napoléon , 2 vol. in-12. Paris. 3 f. 50 c. p. 5 f.
Histoire de la Révolution de l'Amérique espagnole, ou État actuel de l'Espagne avec ses colonies d'Amérique. Paris, 1821,
  in-8. 4 f. p. 6 f.
Histoire de la vie privée, politique et militaire de Napoléon Bonaparte, par un ancien officier supérieur. Paris , 1822 ,
  2 vol. in-8. 10 f. p. 15 f.
Homère, l'Iliade et l'Odyssée, traduits par le prince Lebrun, 4 vol. in-12. Paris. 8 f. p. 12 f.
—Idem, traduit par Bitaubé, 4 vol. in-12 , Paris 1822. 8 f. p. 12 f.
Howard, Histoire des principaux lazarets de l'Europe, trad. de l'anglais , in-8. Paris, 1801. 4 f. p. 5 f.
Jourdain, la Perse, ou Tableau des mœurs, coutumes et usages de la Perse, 5 vol. in-18, figures. Paris, 1814.
  12 f. p. 18 f.
Juchereau-de-Saint-Denis, Histoire des dernières révolutions de Constantinople, 2 vol. in-8. Paris, 1819. 6 f. p. 9 f.
Julien, Précis historique des événemens politiques et militaires qui ont amené la révolution d'Espagne. Paris, 1820, in-8.
  4 f. p. 6 f.
Juvénal, Satires , traduit par Dussaulx, et revues par Achaintre, avec le texte à côté, 2 vol. in-8. Paris, 1821. 11 f. p. 14 f.
Kotzbue, Conseils à mes fils, traduit de l'allemand, 2 vol. in-12. Paris , 1818, avec de très - jolies gravures.
  5 f. p. 7 f. 50 c.
Laboulinière , Histoire civile et politique des trois premières dynasties françaises, 3 vol. in-8. Paris , 1808. 8 f. p. 15 f.
Lacretelle aîné , OEuvres , contenant l'éloquence judiciaire et la philosophie législative , 3 vol. in-8. Paris , 1823.
  18 f. p. 21 f.

Ladvocat, Dictionnaire historique des hommes célèbres, 5 vol. in-8. Paris, 1822. 24 f. p. 37 f. 50 c.
La Fontaine, Contes, avec les figures des fermiers généraux, 2 vol. in-8. Amsterdam, 1764. 20 f. p. 30 f.
— Idem, 2 vol. in-18. Paris, 1822. (Jolie édition.) 2 f. p. 3 f.
— Idem, 1 vol. in-18 , stéréot. d'Héran. 1 f. p. 1 f. 50 c.
— Idem, OEuvres, 5 vol. in-18. 5 f. p. 7 f. 50 c.
La Harpe, Histoire des voyages, 24 vol. in-8. et atlas. Paris , 1821. 104 f. p. 452 f.
Lambinet, Origine de l'imprimerie, d'après les titres authentiques et les opinions de MM. Daunou et Van Pract , ornée
  de calques, portraits et écussons, 2 vol. in-8. Paris, 1810. 8 f. p. 12 f.
Landon, Annales du musée et de l'école moderne des beaux-arts, 21 vol. in-8. Paris , 1800-9, cartonné à la Bradel.
  220 f. p. 300 f.

Laurentie , de l'Éloquence politique et de son influence sur les gouvernemens populaires, in-8. Paris, 1820. 4 f. p. 5 f.
Le Batteux, Principes de Littérature, 6 vol. in-12, avec couvertures imprimées. Paris, 1824. 10 fr. p. 15 fr.
Legonidec, Grammaire celto-bretonne, in-8. Paris, 1807. 4 f. p. 6 f.
Léopold , Dictionnaire général de police administrative et judiciaire , in-8. Paris , 1816. 5 f. p. 7 f.
Lévesque, Histoire de Russie, 8 vol. in-8. et atlas. Paris , 1812. 32 f. p. 48 f.
Logique de Dumarsais, 1 vol. in-12, relié. 1 f. 25 c. p. 2 f.
Louvet, Vie du chevalier de Faublas, 4 vol. in-32, fig. Paris, 1822. (Très-jolie édition.) 7 f. p. 10 f.
Machiavel, le Prince , traduit de l'italien, in-18. Paris, 1822. (Jolie édition.) 2 f. p. 3 f.
Marmontel, Contes moraux, anciens et nouveaux, 6 vol. in-18. Paris , 1820 , avec figures. 6 f. p. 10 f.
— Les Incas, 2 vol. in-32 , fig. Paris, Didot, 1821. (Charmante édition.) 3 f. p. 4 f.
— Bélisaire, in-32. Paris , Didot, 1821. (Très-jolie édition.) 1 f. 50 c. p. 2 f.
— OEuvres complètes, 7 vol. in-8. Paris, Belin. 42 f. p. 56 f.
— Cours de littérature, 8 vol. in-18. Paris , 1822. 14 f. p. 20 f.
Masson, Encyclopédie des enfans. Paris, 1821 , grand in-8., fig. 5 f. p. 9 f.
Masson, Époques de l'Histoire ancienne , de l'Histoire romaine et de l'Histoire de France , 5 vol. in-12. Paris, 1822-3.
  10 f. p. 15 f.

Mémoires pour servir à l'Histoire de Charles Jean XIV (Bernadotte), 2 vol. in-8. Paris, 1820. 9 f. p. 12 f.
Mémoires de Melville , suivis des Lettres de Marie Stuart. Édimbourg, 1745 (rare). 7 f. 50 c. p. 9 f.
Mémoires du cardinal de Retz, 6 vol. in-12. Paris , 1820. 13 f. p. 18 f.
— Idem, 6 vol. in-8. Paris, 1820. 25 f. p. 36 f.

Minerve (collection complète de la), par MM. Aignan , Benjamin Constant, Étienne, Dumoulin, Jay, Jouy, Lacretelle aîné, Tissot, etc. , 135 numéros, formant 9 très-gros vol. in-8. 65 f. p. 135 f.

Mirabeau, OEuvres. Paris, 1821 , 8 vol. in-8. 44 f. p. 50 f.

— Idem , Lettres de cachet, 1 vol. in-8. Paris, 1821. 5. f. p. 7 f.

Mitford, Gilies et Mannert, Histoire de la Grèce, 18 vol. in-18 , avec fig. Paris, 1809. 18 f. p. 27 f.

Mollevaut, Poésies. Paris ,1822, in-18. 2 f. p. 3 f.

Montaigne, Essais , 6 vol. in-18. Paris , 1818. (Jolie édition.) 12 f. p. 15 f.

Montfort, Conchyliologie systématique, et classification méthodique des coquilles, avec plus de 500 figures. Paris , 1810, 2 forts volumes in-8. 18 f. p. 30 f.

Morgagni, Recherches sur les causes des maladies, traduit du latin , 10 vol. in-8. Paris , 1821-24. 60 f. p. 70 f.

Ninon de Lenclos, Lettres , 2 vol. in-18. Paris. 2 f. p. 3 f.

OEuvres complètes de Voltaire, 44 vol. in-12. Paris 1817. 104 f. p. 156 f.

Ovide, OEuvres complètes , traduites en français par Banier, Bayeux, Kervillars , etc. , et publiées par Poncelin , 7 vol. in-8., fig. Paris, 1799. 24 f. p. 36 f.

Pagès , de la Responsabilité ministérielle, in-8. Paris , 1818. 1 f. p. 1 f. 50 c.

Pamplona , Campagnes des Français en Portugal, in-8. Paris , 1818. 3 f. p. 4 f.

Parfait Cuisinier, ou le Bréviaire des gourmands, par Raimbault, in-12, fig. Paris, 1822. 2 f. p. 3 f.

Pascal , Lettres provinciales, 2 vol. in-18. Paris 1822. 4 f. p. 6 f.

— Pensées, 2 vol. in-18. 1822. 4 f. p. 6 f. (Jolies éditions.)

Peignot, Dictionnaire historique et bibliographique des hommes célèbres. Paris , 1821 , 4 vol. in-8. 20 f. p. 30 f.

Petites études de la nature , ou Entretiens d'une mère avec ses enfans sur l'Histoire naturelle, in-18 , fig. Paris , 1822. 1 f. 10 c. p. 1 f. 50 c.

Picot , Tables chronologiques de l'Histoire universelle. Genève, 1808 , 3 vol. in-8. 13 f. p. 18.

Piis , OEuvres poétiques et dramatiques, 4 vol. in-8. Paris , 1810. 8 f. p. 20 f.

Pillet, l'Angleterre vue à Londres, in-8. Paris , 1891. 5 f. p. 7 f.

Portal, Maladies du foie, in-8. Paris. 6 f. p. 7 f.

Pothier, OEuvres complètes, nouvelle édition, publiée par Siffrein , 17 vol. in-8. Paris , 1822. 75 f. p. 110 f. 50 c.

Prevost, Mémoires d'un homme de qualité , 8 vol. in-18. Hollande. 6 f. 70 c. p. 10 f.

Quatremère , Mémoires historiques et géographiques sur l'Égypte, in-8. 2 vol. Paris , 1811. 9 f. p. 12 f.

Réalité de la magie et des apparitions, ou Contrepoison du Dictionnaire infernal. Paris , 1821, in-8. 2 f. p. 3 f.

Reneville (Mme). Charles et Eugénie, ou la Bénédiction paternelle, in-18 , 2 vol. , avec fig. Paris, 1822. 2 f. p. 3 f.

— La Fée gracieuse , ou la Bonne amie des enfans, in-18, troisième édition, fig. Paris, 1822. 1 f. p. 1 f. 50 c.

— Galerie des jeunes Vierges, ou Modèle des vertus qui assurent le bonheur des femmes ; ouvrage destiné aux jeunes personnes, in-12, Paris, 1822. 2 f. 10 c. p. 3 f.

— Les Jeunes Personnes, nouvelles, in-12 , 2 vol., avec titres gravés et 12 gravures. Paris, 1821. 6 fr. p. 8 f.

— Nouvelle Mythologie des Demoiselles, in-12 , avec 37 fig. Paris , 1822. 2 f. 25 c. p. 3 f.

— Polichinelle instituteur, sur le théâtre duquel on voit figurer mademoiselle Fanferluche, etc., in-18 , figures. Paris, 1820. 1 f. p. 1 f. 50 c.

— Précepteur des Enfans , ou Livre du second âge , 8e édition, in-12 , avec 4 fig. Paris, 1822. 1 f. 70 c. p. 2 f. 50 c.

— Récréations d'Eugénie (les), contes propres à former le cœur et à développer la raison des enfans, in-18 , avec 4 figures. Paris, 1822. 1 f. p. 1 f. 50 c.

— Retour des Vendanges (le), contes moraux et instructifs à la portée de enfans des différens âges, in-18 , 4 vol. deuxième édition, avec 16 gravures. Paris, 1820. 4 f. p. 6 f.

— Palmyre, ou l'Éducation de l'expérience, in-12 , 2 vol. Paris , 1822, avec 12 figures. 5 f. 50 c. p. 8 f.

— Tableau de l'Enfance, in-18, fig. 1 f. p. 1 f. 50 c.

Richerand, Nosographie, in-8 , 4 vol., fig. 24 f. p. 28 f.

Robert, Essai sur la Megalantropogénésie , ou l'Art de faire des Enfans d'esprit qui deviennent de grands hommes, in-8, 2 vol. Paris. 7 f. p. 10 f.

Robert , Dictionnaire géographique , avec tous les changemens , depuis les congrès de Vienne et de Paris , de 1815. In-8. 2 vol. fig. Paris, 1820. 10 f. p. 15 f.

Rollin , Histoire ancienne, in-18 , 18 vol. 24 f. p. 36 f.

Rousseau (J.-J.), Émile, in-12, 3 vol. Paris , 1822 , avec de très-jolies gravures. 6 f. p. 9 f.

— Nouvelle Héloïse , in-32, 4 vol., figures. Paris, 1822. 6 f. p. 10 f.

— OEuvres politiques , in-18 , 2 vol. 2 f. p. 3 f.

Roussel , Système physique et moral de la femme, in-8 , fig. Paris. 6 f. p. 7 f.

Rulhière , Histoire de l'anarchie de Pologne. Paris , 1819 , in-8 , 4 vol. 18 f. p. 24 f.

Ruth et Noëmi, épisode, par M. Keratry , in-18 , avec jolies gravures. 1 f. 50 c. p. 2 f.

Sabatier, Siècles littéraires de la France, in-12. Paris , 1821. 2 f. p. 3 f.

Saussure, Voyage aux Alpes, in-4, 4 vol. Neufchâtel , 1803, fig. 40 f. p. 60 f.

Schiller, Théâtre complet, traduit de l'allemand, in-18, 6 vol. Paris, 1823. 10 f. p. 15 f.

Roussel, Essai sur la constitution anglaise, traduit de l'anglais. Paris , 1821, in-8. 3 f. 75 c. p. 5 f.

Schoell, Histoire de la littérature romaine, Paris 1815 , in-8, 4 vol. 18 f. p. 24 f.

— Recueil de Pièces officielles du congrès de Vienne, in-8, 6 vol. Paris, 24 f. p. 30 f.

Servan, OEuvres choisies sur la Législation , in-8 . 2 vol. 1818. 8 f. p. 12 f.

Sénèque (le Philosophe), OEuvres complètes, avec des notes; suivies de l'Essai sur la vie de Sénèque et sur le Règne de Néron, par Diderot, in-8 , 8 vol. , avec portrait. Tours, 1795. 30 f. p. 40 f.

Sérieys, Tablettes chronologiques de l'Histoire universelle , in-12. Paris, 1812. 2f. 50 c. p. 3 f. 75 c.

Sismondi, Principes d'économie politique. Paris, 1819 , 2 vol. in-8, 9 f. p. 12 f.

Smith , Richesse des Nations , traduit avec des notes , par Blavet, in-8. , 4 vol. Paris. 12 f. p. 20 f.

Souligné, Trois règnes de l'histoire d'Angleterre, 2 vol. in-8. Paris, 1820. 6 f. 75 c. p. 10 f.

Stael (Mme de), Delphine , 6 vol. in-12. Paris, 1809. 9 f. p. 12 f.

— Idem , 6 vol. in-18. 6 f. 50 c. p. 9 f.

— Corine , 3 vol. in-12. Paris. 6 f. 50 c. p. 9 f.

— Considérations sur la révolution , 3 vol. in-12. 7 f. p. 10 f.

— Idem , 3 vol. in-8. 14 f. p. 18 f.

Stieglitz, Plans et Dessins tirés de la belle architecture , in-fol. Paris , 1801 , avec 115 belles planches. 60 f. p. 100 f.

Suétone, traduit par La Harpe , 3 vol. in-18, fig. Paris, 1822. 4 f. 50 p. 6 f. 50 c.

Système de la Nature , ou des lois du monde physique et du monde moral , par le baron d'Holbach (faussement attribué à Mirabeau), avec des notes de Diderot, 2 vol. Paris, 1821. 8 f. p. 12 f.

Tabareau , Histoire du philosophisme anglais. Paris, 1806, 2 vol. in-8. 6 f. p. 8 f.

Tableau des découvertes des Européens en Afrique, ouvrage publié par la Société anglaise d'Afrique, et traduit de l'anglais par Cuny, 2 vol. in-8. Paris, 1818, 7 f. 50 c. p. 10 f.

Tasse , Jérusalem délivrée, traduction du prince Lebrun, 2 vol. in-12, fig. Paris, 1813. 4 f. p. 6 f.

— Idem , 2 vol. in-18. 3 f. p. 4 f.

— Trad. en vers par Baour Lormian, 3 vol. in-8. Paris, 1819 , avec de belles figures. 12 f. p. 21 f.

— Idem , pap. vél. 24 f. p. 42 f.

Thouret, Tableaux chronologiques de l'Histoire ancienne. Paris , 1821 , in-fol. 21 f. p. 30 f.

Tom Jones , traduit de l'anglais de Fielding , par de Laplace, 4 vol. in-18. Paris , 1823 , avec 12 jolies gravures. (Belle édition.) 6 f. p. 9 f.

Traité de la peinture , par Léonard de Vinci , in-8. Paris, 1820 , avec 44 figures. 6 f. 50 c. p. 9 f.

Trois (les) imposteurs, in-12. 3 f. p. 5 f.

Vanhove (Mlle), l'Ile des Fées, contes moraux à l'usage des enfans. Paris , 1822 , 2 vol. in-18, avec fig. 2 f. p. 3 f.

— La Pension de jeunes demoiselles , 2 vol. in-18, avec fig. Paris, 1822. 2 f. p. 3 f.

Virgile, Énéide, traduite en vers par Mollevaut, 4 vol. grand in-18. Paris, 1822. (Très-jolie édition.) 9 f. p. 12 f.

— Géorgiques, traduites en vers français par Cournant, in-8. Paris, 1806. 2 f. p. 4 f.

Virgile, OEuvres, traduits par Desfontaines, avec le texte en regard, 4 vol. in 8, grand papier, avec 17 superbes gravures. (Belle édition.) 20 f. p. 36.

Vertot, Histoire des Révolutions romaines, 2 vol. in-12. Besançon, 1822. (Bonne édition.) 4 f. p. 6 f.

Vosgien, Dictionnaire géographique, in-8, fig. Paris, 1823. 6 f. p. 9 f.

Voyage à Tripoli, ou Relation d'un séjour de dix ans en Afrique, traduit de l'anglais, par Mac-Carthy. Paris , 1821, 2 vol. in-8, fig. 10 f. p. 15 f.

Voyage en Chine, ou Journal de la dernière ambassade anglaise de lord Amerst à Pékin, rédigé par Ellis, et traduit par Mackarthy. Paris, 1819, 2 vol. in-8, avec figures. 10 f. p. 15 f.

Voyage au Bosphore et à l'embouchure de la mer Noire, par le général Andreossy, in-8. et Atlas in-fol. Paris, 1817. 11 f. p. 15 f.

Voyages de Gulliver, 4 vol. in-18. Paris , 1822 , fig. (Jolie édition.) 4 f. p. 6 f.

Voyageur (le) moderne, ou Extrait des voyages les plus récens dans les quatre parties du monde, publiés en plusieurs langues jusqu'en 1821, par Mme de Bon, 12 vol. in-12. Paris , 1822 , avec figures. 20 f. p. 30 f.

Warden , Statistique des États-Unis d'Amérique. Paris , 1819, 5 vol. in-8 très-forts, ornés de cartes, figures et tableaux. 30 f. p. 40 f.

Wenzel, Manuel de l'oculiste, 2 vol. in-8, fig. Paris, 1808. 10 f. p. 14 f.

Young (Arthur), Le Cultivateur, ou OEuvres choisies d'agriculture et d'économie rurale et politique, traduit de l'anglais par Lamarre, Benois et Bil lecocq, avec des notes de Delalauze, 18 vol. in-8, fig. Paris, 1801, 45 f. p. 108 f.

Livres portugais.

Bibliotheca Luzitana, de Barboza, 4 vol. in-8, Lisboa. 12 f. p. 15 f.

Chronicas dos reis de Portugal, por Duarte Nunes de Leao , 2 vol. in-4. Lisboa , 1780 , broché. 20 f. p. 24 f.

Colleccao das leis militares de Portugal , 4 vol. in-4. Lisboa , 30 f. p. 36 f.

Gil Blaz de Santilhana , traduzido por MM. de Boccage, 4 vol. in-8. Lisboa. 12 f. p. 15 f.

Os Luziadas de Camoes , ediçao feita sobre a de Paris de 1817 , publicada pelo Morgado de Matteus, 1 vol. in-32. Paris, 1823. — Charmante édition , imprimée avec le plus grand soin par M. Firmin Didot , sur papier vélin-superfin satiné , et ornée d'un portrait et frontispice gravés à Londres , par Fry, sur acier et tirés sur papier de Chine. 4 f. p. 5 f.

Rimas de Joao Xavier de Mattos, 3 vol. in-8. 9 f. p. 12 f.

Theatro Luzitano de Aguiar , 10 petits volumes in-12. Lisboa , 1820, etc. 24 f. p. 30 f.

Livres latins et grecs.

Collection des auteurs latins, dits du Régent, imprimés à Londres sur papier vélin, format in-18, cartonnés.

Catullus, Tibullus et Propertius, 1 vol. 4 f. 50 c. p. 6 f. 50 c.
Cæsar, cum Hirtio, 1 vol. 6 f. 25 c. p. 9 f. 50 c.
Claudianus, 1 vol. 4 f. 50 c. p. 7 f.
Cornelius Nepos et Pomponius Mela, 1 vol. 3 f. 25 c. p. 4 f. 50 c.
Ciceronis opera omnia, 12 vol. 65 f. p. 90 f.
— Epistolæ, 3 vol. 15 f. p. 24 f.
— Officia, 1 vol. 3 f. 25 c. p. 4 f. 50 c.
— Orationes selectæ, 1 vol. 5 f. 50 c. p. 7 f. 50 c.
Florus et Paterculus, 1 vol. 3 f. 50 c. p. 5 f.
Juvenalis, Persius et Sulpicia, 1 vol. 2 f. 50 c. p. 3 f. 50 c.
Livius, 5 vol. 25 f. p. 37 f. 50 c.
Lucretius, 1 vol. 3 f. 50 c. p. 5 f.
Martialis, 1 vol. 4 f. 50 c. p. 8 f. 25 c.
Ovidius, 3 vol. 15 f. p. 22 f. 50 c.
Phædrus, 1 vol. 2 f. 50 c. p. 3 f. 50 c.
Plautus, 3 vol. 15 f. p. 22 f.
Quintilianus, 2 vol. 11 f. p. 16 f.
Senecæ tragædiæ, 1 vol. 5 f. 50 c. p. 7 f. 50 c.
Statius, 1 vol. 6 f. 50 c. p. 9 f.
Salustius et Justinus, 1 vol. 6 f. p. 9 f.
Tacitus, cum supplem. et indice, 3 vol. 14 f. p. 21 f.
Terentius, 1 vol. 4 f. 50 c. p. 6 f. 50 c.
Valerius Maximus, 1 vol. 6 f. p. 9 f.
Virgilius, 1 vol. 5 f. 50 c. p. 7 f. 50 c.

Anthologia græca, cum versione latina, Hug. Grotii, edita ab H. de Bosch. Ultraj., 1795, 4 vol. in-4. br. 72 f. p. 96 f.
Aristophanis Comædiæ, græce, ed. Brunk, in-32, 3 vol. Oxonii. Papier vél., cart. 12 f. p. 18 f.
Biblia hebraica, cum punctis, secundum ultimam edit. Josephi Athiæ, recensita, var. notis illustrata : studio Vander Hooght. Londini, 1822, 2 vol. in-8. Pap. vél., cartonné. 27 f. p. 40 f.
  Belle édition beaucoup plus correcte que celle d'Amsterdam de 1705.
— Idem, papier fin. 40 f. p. 50 f.
Canciani, Barbarorum leges antiquæ, cum glossario. Venetiis, 1782—92, 5 vol in-fol. br. 80 f. p. 100 f.
Catullus, varietate lectionis et annotationibus illustrat., a J. G. Doering. In-8. Londini, 1820, papier vélin, **cartonné**. 14 f. p. 20 f.
Ciceronis opera omnia, ex recens. Ernesti, 8 vol. in-8. Londini, 1819. Annotationes in Ciceronem Oliveti, 3 vol. in-8. 1820. Nizolii Lexicon Ciceronianum, edit. Facciolati, 3 vol. in-8. 1820. En tout 14 vol. in-8. Londini. Pap. vél. cart. 200 f. p. 300 f.
— Idem, Opera ex recensione Ernesti, 8 vol. in-8. Londini, 1819—20. Grand pap. vél., cart. 150 f. p. 240 f.
Codex Medicamentarius Europæus, continens pharmacopea. Britannica et Batava. Vol. 1 à 3, in-12. 8 f. 50 c. p. 12 f.
Compendium Theologiæ Lugdunensis, 2 vol. in-12. Lugduni, 1792. 3 f. 50 c. p. 5 f.
Demosthenis Opera, græce et latine, cum notis variorum. Londini, 1824, 8 vol. in-8, pap. vél., cart., très-belle edit. 120 f. p. 180 f.
  La meilleure, la plus complète et la plus belle de toutes les éditions de Démosthène.
— Idem, en grand pap. vél., cartonné. 240 f. p. 360 f.
Euripides, græce. Barnesii. Oxonii, 6 vol. in-32, pap. vél., **cart**. Jolie édition. 21 f. p. 30 f.
Euripides, græce et latine, cum scholiis ineditis et varior. notis. Glasguæ., 1821, 9 vol. in-8. Grand pap. vél., cartonné. 300 f. p. 480 f.
  La plus complète, la meilleure et la plus belle de toutes les éditions d'Euripide.
Eulerii, Analysis infinitorum, 2 vol. in-4. Lugduni, 1797. 16 f. p. 24 f.
Eusebii Pamphilii Chronicon canonum. Ex Haicano codice à Zohrabo, cum notis Maii, in-4. Mediolani, 1818. 30 f. p. 40 f.
  Seule édition complète des chroniques d'Eusèbe.
Facciolati Lexicon totius latinitatis, cum versione anglica, et supplementum ineditum. Londini, 1824, 2 vol. in-4. pap. vél., cart. 175 f. p. 265 f.
  Magnifique et excellente édition conforme avec le Lexicon de Scapula.
Gradus ad Parnassum, lat. et hispanice, 2 vol. in-8. Madrid, 1789. 5 f. 50 c. p. 8 f.

Heineccii elementa Juris civilis, secundum ordinem Institutionum, 2 vol. in-12. Venetiis, 1819. (Bonne édit.) 3 f. 50 c. p. 5 f.

Ihrii Lexicon lapponicum et latinum, edit. Biornionis, in-4. Holmiæ, 1782, pap. fort. (Ouvrage *peu commun.*) 36 f. p. 50 f.

Initia Homerica ex codiciis Bodleianis, cum Heynii annotatione studio Thomæ, episcop. sancti Davidis, in-8. Londini, 1820. Pap. vél., cart. 8 f. p. 12 f.

Lennep, Etymologicum linguæ græcæ, edit. Scheidii. Londini. In-4. cart. 12 f. p. 18 f.

Linnæi Genera plantarum, edit. Schreber, 2 vol. in-8. Francof., 1789. (Ouvr. peu commun.) 8 f. p. 15 f.

Lucanus, cum notis var., etc. Schrevellii. Londini, 1816, in-8, pap. vél., cart. 14 f. p. 21 f.

— Idem, grand pap. vélin, cart. 21 f. p. 32 f.

Maittaire, Annales typographici, cum Denisii, supplemento, 11 tom. reliés en 6 vol. in-4. 1719—89. (Exemplaire compl. et peu commun.) 100 f. p. 160 f.

Mascleff, Grammatica hebraica, edit. Lalande. Parisiis, 1781, in-8. 4 f. p. 6 f.

Nizolii, Lexicon Ciceronianum, cura Facciolati. Londini, 1820, 3 vol. in-8. Grand pap. vél., cart. 60 f. p. 96 f.

Novum Testamentum græcum. Londini, 1820, in-8., pap. vél. cart., 12 f. p. 18 f.

Paleta, Exercitationes pathologicæ, in-4. Mediolani, 1820. 16 f. p. 24 f.

Panegyrici veteres, cum notis var., et Jagerii. Norimb., 1779, 2 vol. in-8. 8 f. p. 12 f.

Paulini a S. Bartholomeo, Grammatica samscardamica, in-4. Romæ, 1790. 12 f. p. 15 f.

Pindari Carmina et Scholia, græce, edit. Heynii. Londini, in-8., pap. vél., cart. 11 f. p. 16 f.

Plinii Historia naturalis, cum not. varior. et Franzii, 10 vol. in-8. Lipsiæ, 1778. 54 f. p. 80 f.

Rezzonico della Torre, disquisitiones Plinianæ, 2 vol. in-fol. Parmæ, 1763—67. 28 f. p. 40 f.
    Livre très-savant, très-recherché, et peu commun.

Scapulæ, Lexicon græco-latinum et indicibus, cura et studio Bentlei et Major. Londini, 1820. Grand in-4., papier vél. 100 fr. p. 140 fr.
    Édition magnifique contenant le supplément inédit d'Askew, et plusieurs Traités en entier de Lennep, Vigerus et Bos.

Sophocles, græce, Brunckii, 3 vol. in-32. Oxonii, pap. vél., cart. (Jolie édition.) 10 f. p. 15 f.

Tacitus, recogn. et emend. Brotier. Parisiis, 1776, 7 vol. in-12. 16 f. p. 24 f.
    Édition plus complète que celle in-4. de 1771.

Terentius, ex recensione Zeunii. Londini, 1820, 2 vol. in-8, grand pap. vél. cart., 56 f. p. 80 f.

Thucydides, græce et latine, cum scholiis et varior. notis (Hudsonii, Dukerii, Wassii, Gottleberii, Baverii), animadversationibus, cum comment. Benedictii, et observat. crit. ed Poppo. Londini, 1819, 4 vol. in-8, grand pap. vél., cart. 100 fr. p. 144 fr.

Virgilii Opera, varietate lectionis et annotatione illustr., ed J. Gottl. Heyne. Londini, 1821, 4 vol. in-8., grand pap. vélin, cartonné. 105 fr. p. 160 fr.

Estampes.

Dancing Dolls, par Burnet, à Londres. 18 f.

Playing at Drafts, par le même. 18 f.

Valentine, par le même. 18 f.

Illustrations of Tales of my Landlord, de Walter Scott, d'après Stothard, par Heathe, 5 planches. 21 f.

Erminia e Tancredi, d'après le Guerchin, par Bonato, grand format. 36 f.

Diana e Endymione, d'après l'Albane, par Bonato, grand format. 36 f.

Livres anglais.

Adisson's Works, in-12, 11 vol. London. Relié en veau (excellente édition.) 40 f. p. 60 f.

Akenside's Poems, in-64. London. Portrait, pap. vél., cartonné (charmante édition.) 2 f. 25 c. p. 3 f. 25 c.

Antiquities of Great Britain, illustrated in views of monasteries, castles, and churches, now existing, engraved by W. Byrne, from drawings made by Th. Hearne (le texte français en regard), 2 vol. in-fol. London, 1807 (ouvrage parfaitement exécuté.) 200 f. p. 360 f.

Bacon's Essays. London, in-12, pap. vél., cartonné. 5 f. p. 7 f.

Beattie, Blair, and Bruce's Poems, in-24. Edimburgh. Pap. vél., cartonné (jolie édition.) 3 f. p. 4 f. 50.

Beauties of the Scottish Poets, fort vol. in-12, pap. vél., cartonné. 6 f. 50 c. p. 9 f. 50 c.

—Of Sterne, in-18, portr. et vignette (Sharpe's), pap. vél., cartonné (jolie édition.) 3 f. 75 c. p. 6 f.

—Of Johnson, in-12. London. Pap. vél., cartonné. 4 f. p. 6 f.

Blair's Rethoric, in-18. London (Walkers), pap. vél., cart. 3 f. p. 4 f. 50 c.

—Idem, in-8. London, 1822, pap. vél. (jolie édit. cart.) 9 f. p. 14 f.

British Poets (Collection of) published by Cook. London, in-18, 25 vol. broch. 56 f. p. 110 f.

British Gallery, by Forster (Galerie des plus beaux tableaux des différentes écoles, faisant partie de la collection du roi d'Angleterre, et autres, exécutée par les premiers graveurs de Londres, tels que Heath, Fittler, Raiubach, etc., etc.), avec le texte français en regard de l'anglais; grand in-fol. Londres, 1807 (ouvrage magnifique.) 400 f. p. 680.

Burke's complete Works, in-8, 8 vol. London. Pap. vél., cartonné (belle édition.) 70 f. p. 100 f.

—Ou the Sublime, in-24. London, 1824, portr. et vignette, pap. vél., cartonné (jolie édition.) 3 f. p. 4 f. 50 c.

Burns's Poems, in-24. London, 1824, portr. et vignette, pap. vél., cartonné (jolie édition.) 5 f. p. 7 f.

—Works, in-12, 4 vol. London. Pap. vél., cartonné. 16 f. p. 24 f.

Byron's (Lord) Works. London in-8, 3 vol., pap. vél. (belle édition en demi-rel. et dos de maroq. non rogné.) 30 f. p. 50 f.

—Idem. Paris, 1823, in-12, 11 vol. brochés. 24 f. p. 33 f.

Canova's complete Works, grand in-8 impérial, fig., pap. vél., 20 livraisons (ouvrage charmant.) 85 f. p. 120 f.

Castle of Otranto and old english Baron, in-24. London, 1823, portr. et vignette, pap. vél., cart. (jolie édition.) 3 f. p. 4 f. 50 c.

Cobbet, le Maitre anglais, revu par Poppleton, in-12. Paris, 1817. 2 f. 50 p. 3 f. 60 c.

Cowper's Poems, in-12, 2 vol., pap. vél., cartonné (belle édition). 9 f. p. 14 f.

—Idem, in-24, 1 vol. pap. vél., portrait et vignette (belle édition.) 4 f. 50 p. 6 f. 50 c.

Delolme, on the english Constitution, in-8. London. Pap. vél., cartonné (belle édition.) 9 f. p. 13 f. 50 c.

—Idem, in-24, pap. vél., portrait, cartonné (charmante édition.) 3 fr p. 4 f. 50 c.

Dictionnaire anglais-français et français anglais, par Boniface; in-8, 2 vol. Paris, 1822. 17 f. p. 20 f.

Dodwel's Voyages in Greece, in-4, 2 vol. London, 1819, pap. vél., avec beaucoup de belles gravures (ouvrage magnifique.) 180 f. p. 262 f.

- Views in Greece, (vues pittoresques de la Grèce.) Ouvrage magnifique, avec figures en couleur, colées sur du papier carton; le texte en anglais et en français, grand in-fol. London, 1822. 240 f. p. 480 f.

Don Quixotte, with 24 engravings after Westall, by Heath, in-12, 4 vol. London, 1821, pap. vél., cartonné. 40 f. p. 60 f.

—Idem, in-12, 4 vol. (jolie édition), avec les planches de Javois; pap. vél., cartonné. 22 f. p. 32 f.

Dryden's Poetical Works, with notes by Warton, in-8, 4 gros vol. portr. London. Pap. vél., carton. (belle édition.) 56 f. p. 85 f.

Elegant Extracts, prose, verse, and epistles (Sharpe's), in-18, 18 vol. London (Sharpe), pap. vél. (très-jolie édition), cart. 80 f. p. 120 f.

English Theatre, in-18, 14 vol. London; figures, pap. vél., cartonné. 36 f. p. 52 f.

Falconer's, Shipwreck, in-12, pap. vél., cartonné. 2 f. 50 c. p. 4 f.

Fielding's complete Works, in-12, 12 vol. London, 1824, pap. vél., cartonné. 60 f. p. 85 f.

France (Voyage pittoresque en France), par Batty, avec 60 planches par les premiers artistes de Londres, grand in-8 (ouvrage charmant.) 120 f. p. 180 f.

Gallery of Pictures in London, of the marquis of Stafford, by Ottley Tomkins. London, 1818, très-grand in-4 impérial, 4 vol., pap. vél., cartonné (ouvrage d'une exécution magnifique.) 400 f. p. 780.

Gay's Fables, in-18. London. Pap. vél., cartonné, avec beaucoup de figures charmantes sur bois. 3 f. p. 4 f.

Germany (Voyage pittoresque en Allemagne, exécuté par les premiers artistes de Londres), grand in-8, 12 livraisons (ouvrage complet et d'une exécution charmante.) 120 f. p. 180 f.

Gibbon's, Roman empire, in-8, 12 vol. London. Pap. vél. (belle édition), cartonné. 80 f. p. 120 f.

—Idem, in-8, 8 vol. London, 1822, broché, pap. vél. 70 f. p. 100 f.

Gilbras, in-12, 4 vol. Lyons. 8 f. p. 12 f.

Goldsmith's Miscellaneous Works, in-18, 6 vol. London, pap. vél. cartonné (jolie édition.) 20 f. p. 30 f.

—Roman History, in-12. London, avec fig. 3 f. p. 4 f. 50 c.

—History of England, in-12, fig. London, fig. cart. 3 f. p. 4 f. 50 c.

—History of Greece, in-12. London, fig. cart. 3 f. p. 4 f. 50 c.

—And Littleton's History of England, in-12, 2 vol. 1817, reliés en basane. 6 f. 75 c. p. 9 f.

Grahame's Sabath and Works; Logan's Poetical Works, and Falconer's Shipwreck, in-24. Edinburgh, papier vélin (jolie édition) cartonné. 3 f. 25 c. p. 5. f.

Graffigny, Lettres d'une Péruvienne, avec l'anglais en regard, in-8, 2 vol. fig. 6 f. p. 9 f.

Gray's Poems, in-18. London, pap. vél. cart. (jol. édit.) 1 f. 25 p. 2 f.

Gulliver's Travels, in-24. London, pap. vél., portrait et vignette cart. (charmante édition.) 3 f. p. 4. f. 50 c.

Henry's, History of England, in-8, 12 vol. London, 1823, pap. vél. cart. cartes et fig. (belle édition.) 85 f. p. 140 f.

Hervey's Meditations, in-24. London, 1824, pap. vél., portr. et vign. cart. (jolie édition.) 3 f. p. 4 f. 50 c.

History of sir Charles Grandisson., in-18, 7 vol. fig. London (jol. édit.) cartonné. 20 f. p. 30 f.

Hudibras, a Poem, by Butler, in-18, 2 vol. London, pap. vél. cart. (jolie édition.) 8 f. p. 12 f.

—Idem in-12, 1 vol. pap. vél. (jolie édition.) 5 f. p. 7 f. 50 c.

—Avec la traduction française de Townley, et les fig. de Hogarth, in-12, 3 vol. Paris, 1819 (jolie édition.) 11 f. p. 15 f.

Hume, on Human Nature, in-8, 3 vol. London, relié en veau (excellente édition.) 15 f. p. 24 f.

—And Smollet History of England, in-8, 13 vol. London, 1824, avec beaucoup de portraits, pap. vél. (belle édition) cart. 85 f. p. 130 f.

Humphry Clinker, in-18. London, (Walker's) pap. vél. cart. (jolie édition.) 3 f. 75 c. p. 6 f.

Johnson's english Dictionary, in-8, Montrose, 1809, broc. 8 f. p. 15 f.

—Idem (Pocket), in-18. London, 1819, relié en basane. 4 f. p. 6 f.

—Idem en feuilles. 3 f. p. 4 f. 50 f.

Johnson's complete Works, in-8, 12 vol. London (nouvelle édition) pap. vél. cart. 90 f. p. 136 f.

Johnson's Lives of the Poets, in-12, 4 vol. London, papier vélin cartonné. 16 f. p. 24 f.

Johnson's (Samuel) Poems, in-18. London. papier vélin cartonné (jolie édition.) 1 f. 25 c. p. 2 f.

Illustrations of Tales of My Landlord, suite de belles gravures, gravées à Londres pour les Contes de mon Hôte, in-4 (charmante collection.) 16 f. p. 24 f.

Italian Scenery (Voyage pittoresque en Italie, par Batty, avec 60 fig. supérieurement gravées par les premiers graveurs de Londres); grand in-8 , impérial (ouvrage superbe.) 120 f. p. 180 f.

Longus, the Loves of Ismen et Ismenias, in-18. Paris. 75 c. p. 1 f.

Milton's Poetical Works, in-24. London, frontispice gravé (charmante édition) cart. 3 f. 50 c. p. 5 f.

— Idem in-32, 3 vol. Paris, Lefèvre, 1822, pap. vél. (charmante édition.) 7 f. p. 10 f. 50 c.

— Paradise Lost, in-12, 1818. 2 f. p. 3 f.

Nugent's english and french, and french et english Dictionary, in-16, 2 vol. Paris. 5 f. p. 7 f. 50 c.

Paley's Complete Works, in-24, 3 vol. London, 1822, pap. vél. cart. portrait et vignette. 18 f. p. 27 f.

Parnell's Poems, in-18. London, papier vélin cartonné (jolie édition.) 1 f. 25 c. p. 2 f.

Pomfret's Poems, in-18. London, pap. vél. cartonné (jolie édition.) 1 f. 25 c. p. 2 f.

Pope's Select Works, in-32, 3 vol. Paris, Lefèvre, 1822, pap. vél. (charmante édition.) 7 f. p. 10 f. 50 c.

— Complete Works, by Warton, grand in-8, 9 vol. London, pap. vél. cart. (excellente et belle édition.) 87 f. p. 130. f.

Rasselas and Dinarbas, by Dr. Johnson, in-18. London, (Walkers) pap. vél. cart. (jolie édition.) 3 f. p. 4 f. 50 c.

Robertson's Complete Works, in-8, 12 vol. London, 1822, pap. vél. cart. (belle édition.) 80 f. p. 120 f.

— Idem in-12, 12 vol. London, pap. vél. cart., avec portrait et cartes. 60 f. p. 80 f.

— History of Scotland, in-8, 2 vol. pap. vél. cart. 15 f. p. 22 f.

— History of Charles V, in-8, 4 vol. London, pap. vél. cart. (belle édition.) 32 f. p. 45 f.

— Of America, in-8, 4 vol., pap. vél. cart. (belle édition.) London. 32 f. p. 45 f.

Robinson Crusoe, in-12, 2 vol. London, pap. vél., avec fig. en bois, par Clennel. 11 f. p. 16 f.

— Idem in-12. London, avec belles grav. cart. 3 f. p. 4 f. 50 c.

Roscoe's Life of Leo X. London, in-8, 6 vol. à dos de maroq., non rogné. 66 f. p. 80 f.

Rowe's Poetical Works, in-18. London, pap. vél. cart. (jolie édition.) 3 f. p. 4 f. 50 c.

Shakspeare's Works, in-12, 12 vol. London, 1822; papier vélin, cartonné. 60 f. p. 80 f.

— Idem, in-8, 12 vol. pap. vélin, cartonné. London, 1822. 75 f. p. 120 f.

— Complete 1 vol. in-8. London, pap. vél., cart. 12 f. p. 18 f.

Sicily (Voyage pittoresque en Sicile, dessiné par Dewint et gravé par les premiers graveurs de Londres), très-grand in-8, 12 livraisons, complet (ouvrage charmant.) 120 f. p. 180 f.

Siret, Grammaire anglaise, revue par Poppleton, in-12. Paris. 1 f. 25 c. p. 2 f.

Smith's Wealth of nations. London, 1820, in-8. 3 vol. cart., papier vélin. 24 f. p. 36 f.

Smollet's Complete Works, in-12, 12 vol. London. (nouv. édit.) pap. vél., cart. 55 f. p. 84 f.

Specimens of British Poets, from Spencer to Cowper, in-18, 2 vol. London, pap. vél., cart. (très-jolie édition.) 8 f. p. 12 f.

Specimens of American Poets, with biographical and critical notes, gros vol. in-8., pap. vél., cart. 6 f. 50 c. p. 10 f.

Spectator, by Addisson and Steele, in-8, 8 vol., fig. 30 f. p. 50 f.

Spencer's Works, in-12, 6 vol. London, Thompson, 1715, relié en veau (excellente et rare édition, la meilleure qui existe.) 30 f. p. 48 f.

— Fairy Queen, in-24, 2 vol. London, pap. vél. cart. (très-jolie édition.) 10 f. p. 14 f.

Sommerville's Chase, in-18. London, pap. vél. cart. (jolie édition.) 1 f. 25 c. p. 2 f.

Sterne's Works, in-18, 5 vol. Londres, portr. (nouvelle édit.) papier vél., cart. 17 f. p. 27 f.

Swiss Scenery (Voyage pittoresque en Suisse, par Cockburn, avec soixante gravures par les premiers artistes de Londres), grand in-8 impérial. 120 f. p. 180 f.

Thompson's Seasons, in-18, portrait. London, pap. vél. cart. (jolie édition.) 3 f. p. 4 f. 50 c.

— And Castle of Indolence, in-24, 1 vol. fig. London, pap. vél. cart., (très-jolie edit.) 2 f. 50 c. p. 3 f. 50 c.

Tom Jones, by Fielding, in-12, 4. vol. London, pap. vél. cart. 18 f. p. 27 f.

Vicar of Wakefield, in-18. London (Walkers) pap. vél. cart. (jolie édit.) 2 f. 50 c. p. 3 f. 50 c.

Virgil, translated by Dryden, in-24, portrait et vignette, pap. vél., cart. (très-jolie édition.) 3. f. p. 4 f. 50 c.

Walter Scott's Monastery, in-12, 3 vol. Paris, 1821. 7 f. p. 10 f.

— Kennilworth, in-12, 2 vol. Paris, 1821. 6 f. 50 c. p. 9 f.

— Ivanhoe, in-8, 2 vol. Paris, 1821. 7 f. p. 10 f.

Watt's on the Mind, in-24. Edinburgh, pap. vél. cart. (jolie édit.) 4 f. p. 6 f.

Watt's Seats (Collection des vues pittoresques des plus beaux châteaux d'Angleterre), ouvrage contenant 84 planch. in-4., cart. Londres (très-joli livre.) 110 f. p. 160 fr.

Wilkins, Antiquities of Magna Grecia. Cambridge, 1807, gr. in-fol. avec beaucoup de figures, cart. Ouvrage d'un grand mérite, et peu répandu en France. 200 f. p. 300 f.

Worlidge's Select collection of Drawings from curious antique Gems, most of them in the possession of the Nobility and Gentry of England. London, 1768, cart., petit in-fol., 2 tom. en 1 vol., contenant 183 pl., parfaitement complet. Ouvrage très-recherché et rare. (Voy. Brunet, vol. 3, page 603.) 90 f. p. 180 f.

Young's Nights, in-12. London, fig., pap. vél. cart. (jolie édition.) 6 f. p. 9 f.

— In-24, portrait et vignettes, pap. vél. cart. (charmante édition.) 3 f. p. 4 f.

Livres italiens.

(Collection de Classiques italiens, imprimés à Milan, format in-8°.)

Algarotti, opere scelte, in-8, 3 vol. 1823. 21 f. p. 27 f.

Alfieri, tragedie ed opere scelte, in-8, 4 vol., 1820. 26 f. 75 c. p. 36 f.

Ariosto, Orlando furioso, in-8, 5 vol. 1812. 25 f. p. 36 f.

Alamanni, la Coltivazione, in-8. 6 f. p. 8 f.

Apologia di Anibal Caro contra il Castelvetro, in-8, 1820. 6 f. p. 8 f.

Anguilara, Metamorfosi di Ovidio, in-8, 3 vol. 18 f. p. 24 f.

Baldinuci, l'Arte di intagliare in rame, e Notizie de' professori del disegno, da Cinabua in qua, in-8, 14 vol. 1808. 70 f. p. 98 f.

Bentivoglio, opere, in-8, 5 vol. Milano. 30 f. p. 40 f.

Berni, Orlando inuamorato, in-8, 5 vol. 1806. 18 f. p. 25 f.

Bentivoglio, la Tebaide di Stazio, in-8, 1821. 6 f. 50 c. p. 8 f. 50 c.

Caro (Anibal), Opere, in-8, 8 vol. 40 f. p. 50 f.

Cellini, la Vita e Opere, in-8, 3 vol. 1806. 19 f. 50 c. p. 27 f.

Cesarotti, Opere scelte, in-8, 4 vol., 1820. 24 f. p. 32 f.

Dante, la Divina Commedia, in-8, 3 vol. 1815. 16 f. p. 24 f.

Denina, Revoluzioni d'Italia, 3 forts vol. in-8. 21 f. p. 32 f.

Erizzo, le Giornate, in-8, 1805, portr. 6 f. p. 7 f. 50 c.

Fortiguerri, il Ricciardetto, in-8, 3 vol., fig., 1813. 15 f. p. 21 f.

Galileo, Opere, in-8, 13 vol., fig., 1811. 80 f. p. 100 f.

Giovani, il Pecorone, in-8, 2 vol., fig., 1804. 8 f. p. 12 f.

Grazzini (detto il Lasca), Novelle, in-8. 1810.   6 f. p. 8 f.
Guarini, il Pastor fido, in-8., 1807.   6 f. p. 8 f. 50 c.
Gozzi, opere scelte (Novelle, etc.), in-8., 5 vol. 1821.   32 f. p. 40 f.
Giannone, Storia di Napoli, in-8., 14 vol. 1824.   75 f. p. 100 f.
Gravina, opere scelte di litteratura, in-8. 1819.   6 f. 50 c. p. 8 f. 50 c.
Goldoni, comedie scelte, in-8., 4 vol. 1821.   24 f. p. 36 f.
Guglielmi, della natura de' Fiumi, in-8., 2 forts vol.   13 f. p. 18 f.
Lippi, il Malmantile, in-8.   8 f. p. 10 f.
Lamberti, Osservazioni sulla lingua italiana, in-8., 3 vol.   18 f. p. 24 f.
Muratori, Annali d'Italia, in-8., 18 vol.   120 f. p. 175 f.
Metastazio, opere, in-8., 5 gros vol. 1821, portr.   30 f. p. 45 f.
Novelliero Italiano, in-8., 3 vol., portr. 1804.   16 f. p. 24 f.
Petrarca, Rime, in-8., 2 vol. 1805.   10 f. p. 14 f.
Pulci, il Morgante Maggiore, in-8., 3 vol. 1816.   12 f. p. 18 f.
Poliziano, Stanze, in-8.   4 f. 50 c. p. 6 f.
Racolta de megliori lirici italiani, in-8. 1808.   4 f. 50 c. p. 6 f.
——— Di satirici italiani, in-8. 1808.   6 f. p. 8 f. 50 c.
——— De megliori melodrami italiani, in-8.   6 f. 50 c. p. 8 f. 50 c.
——— Di poesie pastorali e Rusticali, in-8.   7 f. p. 9 f.
——— Di prose italiane, in-8., 3 vol.   18 f. p. 24 f.
Sachetti, Novelle, in-8., 3 vol. 1824.   15 f. p. 19 f. 50 c.
Theatro italiano scelto, in-8., 10 vol.   60 f. p. 80 f.
Tasso, opere, in-8., 5 vol. 1824. (Excellente édit.)   27 f. p. 37 f. 50 c.
Varchi, l'Ercolano, Storia Fiorentina, etc., in-8., 7 vol.   36 f. p. 49 f.
Vasari, vite de' Pittori, in-8., 16 vol., fig. 1807, portr.   80 f. p. 112 f.
Virgilio, Eneide, tradotta da Anibal Caro, in-8. 1812.   6 f. p. 8 f.
Verri, opere scelte, in-8., 2 vol. 1822.   10 f. p. 14 f.
Varano, opere scelte poetiche, in-8. 1818.   8 f. p. 10 f. 50 c.
Zanotti, opere scelte litterarie e scientifiche, in-8., 2 vol. 1818.   20 f. p. 24 f.

———————

Alberti, della Pittura, in-4. Milano, 1804.   9 f. p. 12 f.
Alberti, Dictionnaire italien-français et français-italien, in-4., 2 vol. Torino, 1813.   18 f. p. 27 f.
Alfieri, opere, in-12, 13 vol. Italia, 1822.   36 f. p. 52 f.
— Tragedie, in-18, 6 vol. Avignone, 1819.   10 f. p. 15 f.
— Luca, 1817, in-18, 2 vol.   6 f. 50 c. p. 8 f.
-- Venezia, 1818, in-18, 25 numéros.   13 f. 50 c. p. 24 f.
-- Venezia, 1818. Pap. vél.   9 f. p. 12 f.
— Venezia, 1811, in-18, 20 numéros. (Jolie édit.) 22 f. 50. c. p. 30 f.
Barberi, Grammaire des Grammaires italiennes, in-8., 2 vol. Paris, 1819.   9 f. 50 c. p. 13 f.
   La meilleure de toutes les grammaires italiennes.

Barberi, Petit Trésor de la langue française et de la langue italienne, ou des tropes et figures des deux langues, les unes correspondantes aux autres, avec des exemples tirés des Classiques. — Ouvrage nécessaire pour l'intelligence des auteurs, et très-utile aux personnes qui veulent se perfectionner dans les deux langues, in-8., 1 vol. Paris, 1821.   3 f. 60 c. p. 5 f.
Barretti, opere. Milano, 1818, in-8., 6 vol.   27 f. p. 36 f.
Beccaria, opere, contenant dei Delitti e delle Pene, 1 vol. Economia publica ed opuscoli, 1 vol. Ricerche intorno allo stile, in-4., 3 vol. Milano, 1822. (Superbe édition.)   24 f. p. 36 f.
— Idem, pap. vél. cart.   48 f. p. 72 f.
Bertollotti, Amore e fugano, in-18. Milano, 1824.   1 f. 50 c. p. 2 fr.
— La Calata degli Ungheri in Italia nel novecento; romanzo storico, in-18., 2 vol. Milano, 1823.   3 f. 50 p. 5 f.
Boccaccio, il Decamerone. Londra (Pisa), in-18, 5 vol. 1816. (Jolie edition.)   10 f. p. 15 f.
— Idem, Firenze, 5 vol. in-18, 1820.   7 f. p. 10 f.
— Livorno, 1812, in-8., 4 vol.   21 f. p. 28 f.
— Parma, 1818, in-18, 8 vol.   18 f. p. 25 f.
— Venezia, Vittarelli, in-16, 5 vol.   16 f. p. 21 f.
Bossi, del Cenaculo di Leonardo da Vinci, in-fol. Milano, 1810. Pap. vél., figures. (Superbe édition.)   32 f. p. 48 f.
Bossi, Storia d'Italia antica e moderna. Milano, 1822, in-8., 19 vol. avec cartes, figures et médailles.   100 f. p. 133 f.
- Le même livre, très-gros in-18, 19 volumes, avec les mêmes cartes et figures.   70 f. p. 95 f.

Cette histoire du chevalier Bossi est la plus parfaite et la plus profonde de toutes les histoires d'Italie qui existent. La renommée européenne de l'auteur en est un sûr garant.
Bracchiolini, lo Scherno degli Dei, in-12, 2 vol. Firenze, 1821, fig. (Jolie édition.)   4 f. p. 6 f.
Casti, Animali parlanti, in-18, 3 vol. Parigi, 1823.   5 f. p. 7 f. 50 c.
— Novelle galanti, in-12, relié.   2 f. p. 3 f.
— Novelle. Parigi, 1821, in-12, 4 vol.   10 f p. 15 f.
— Idem, in-8., 3 vol. Parigi, 1804. (Belle édition.)   13 f. p. 18 f.
Colezione di Poeti italiani, contenant Dante, Petrarca, Ariosto, Tasso et Poliziano, in-32, 15 vol. Firenze, 1818, etc. Pap. vél. (Très-jolie édition.)   30 f. p. 45 f.
Corticelli, Regole della lingua toscana, in-12. Mantova, 1813. 3 f. p. 4 f.
Cottin, Elisabetha, in-8., 1817.   3 f. p. 4 f.
Cozzi, Aventure di Adulio di Rozelle, in-18. 2 vol. Firenze, 1821, figures.   2 f. 50 p. 4 f.
Dante, Divina Comedia, 4 vol. in-32. Firenze, 1818, pap. vél. (Jolie édition.)   6 f. p. 8 f.
— * Firenze, 1819, 3 vol. in-18. (Jolie édition.)
* Col' comento da Vinturi.   6 f. p. 10 f.
— Pisa, 1819, grand in-18., 3 vol., pap. vél. grand raisin. (Très-jolie édition.)   9 f. p. 15 f.
— Venezia, 1812, in-16, 4 vol.   8 50 c. p. 12 f.
— Venezia, Vittarelli, in-16, 2 vol., 1819.   12 f. p. 14 f.
— Bassano, 1815, in-18, 3 vol.   5 f. 50 c. p. 7 f. 50 c.
Davila, Storie delle Guerre civili di Francia, in-8., 6 vol. Firenze, 1823.   27 f. p. 36 f.
Denina, Storia delle Rivoluzione d'Italia, in-8., 5 vol. Firenze, 1820.   20 f. p. 30 f.
Dictionnaire nouveau de poche italien - français et français-italien, rédigé sur tous les dictionnaires des deux langues, publiés jusqu'à ce jour, particulièrement sur la dernière édition du Vocabulaire de la Crusca, sur ceux d'Alberti, Cormon, Baretti, Martinelli, Lavaux, de l'Académie française, etc. ; par Barberi, auteur de la Grammaire des Grammaires italiennes ; in-16, 2 vol. d'environ 600 pages chacun, imprimés à trois colonnes sur beau papier.   7 f. p. 10 f.
   Ce Dictionnaire contient un tiers de plus que tous les Dictionnaires en petit format publiés jusqu'à ce jour, ce qui est constaté par des astérisques qui distinguent tous les mots nouveaux qui ne se trouvent pas dans les Dictionnaires de Lauri, Martinelli, Hamonière, etc.
Dictionnaire italien-français et français-italien, par Cormon et Manni, nouvelle édition. Paris, 1822, grand in-8., 2 vol.   12 f. p. 18 f.
Filangieri, Scienza della legislazione. Livorno, in-8. 5 vol., 1819.   16 f. p. 25 f.
— Filadelfia, in-8., 5 vol., 1807.   16 f. p. 25 f.
Filicaia, poesie toscane. Firenze, 1819. (Jolie édition.)   4 f. 50 c. p. 7 f.
Florilegio poetico moderno ossia scelta di poesie di settanta autori viventi, in-12, 2 vol. Milano, 1822.   6 f. 50 c. p. 8 f.
Fortiguerri, il Richiardetto, in-12, 3 gros vol. Italia, 1819, avec 31 belles gravures.   9 f. p. 12 f.
Fortini, Novelle, in-12. Sienna, 1811 ; ouvrage très - singulier.   2 f. p. 3 f.
Gianonne, Storia di Napoli. Italia, 1821, in-8., 10 vol.   40 f. p. 60 f.
Goldoni, comedie. Padova, 1811, in-8., 12 vol.   27 f. p. 36 f.
— Livorno, 1819, in-12, 8 vol.   18 f. p. 24 f.
— Opere scelte. Livorno, 1822, in-12, 2 vol.   4 f. 50 c. p. 6 f.
— Parigi, 1823, in-12.   3 f. p. 4 f.
Grassi, Saggio intorno di sinonimi italiani, in-12. Milano, 1822.   2 f. 50 c. p. 3 f.
Guarini, Pastor fido, in-18. Pisa, 1819.   2 f. p. 3 f.
— Firenze, 1819, in-12, fig.   2 f. 50 p. 4 f.
Guicciardini, Storia d'Italia. Firenze, 1819, 8 vol. in-8.   32 f. p. 44 f.
Knigge, della condotta da tenersi nella società, traduzione del tudesco, 2 vol. in-18. Milano, 1823.   4 f. p. 5 f.
La Fontaine, Favole in versi italiani, da Petroni. 2 vol. in-18. Londra, 1815. Pap. vél.   6 f. p. 12 f.
Lettere di una Peruvianna, coll' accento prosodico. Avignon, 1822, in-18.   1 f. p. 1 f. 50 c.
Levati, Viaggi del Petrarca in Europa, 5 vol. in-8. Milano, 1821.   24 f. p. 36 f.
Longino, Trattato dal Sublime, tradotto del greco di Gori, in-12.

Milano, 1822. 2 f. 25 c. p. 3 f.

Machiavelli opere. Firenze, 1818-21, 10 vol. in-8., (belle édition). Pap. vél. 36 f. p. 60 f.

— Grand pap. vél. 45 f. p. 80 f.

— 11 vol. in-18. Firenze, 1820. 24 f. p. 36 f.

Maffei, la Merope, tragedia, in-8. Firenze, 1817. 1 f. 50 c. p. 2 f.

Marchi, Architettura militare illustrata da Luigi Marini. Roma, 1810, 5 vol. très-grand in-fol.; superbe édition, accompagnée d'un grand nombre de figures. 400 f. p. 500 f.

Marcolini sulle complicazioni della vaccina, in-8. Milano, 1823. 3 f. p. 4. f.

Metastazio, opere. Padova, 1813, in-12, 8 vol. 18 f. p. 24 f.

— Venezia, in-18, 11 vol. 12 f. p. 22 f.

—— Firenze, 1820, in-18, 4 gros vol. 10 f. p. 13 f. 50 c.

—— Drami scelti. Livorno, 1820, in-12, 2 vol. 4 f. p. 6 f.

—— Opere complete. Prato, 1820, fig., in-12, 14 vol. 28 f. p. 42 f.

—— Mantova, 1820, in-12, 14 vol., fig. (Belle édition.) 36 f. p. 56 f.

—— Scelta di poesie dramatiche, e prose, da Buttura. Paris, 1822. in-12, 2 vol. 4 f. p. 6 f.

—— Opere scelte, in-18, 6 vol. Avignone, 1808. 8 f. p. 12 f.

Monti, opere poetiche, in-8, 3 vol. Verona, 1801. 6 f. p. 9 f.

—— Tragedie, Firenze, 1822, in-8., très-grand pap. vél., avec portr. 6 f. 50 c. p. 10 f.

—— Firenze, 1822, in-12, pap. vél. 2 f. 50 c. p. 4 f.

—— Proposta di alcuni aggiunti al vocabulario de la Crusca, in-8., 6 vol. Milano, 1821-24. 25 f. p. 36 f.

—— Idem, pap. vél. 48 f. p. 72 f.

—— Un Sollievo, in-8. Milano, 1822. 1 f. 50 c. p. 2 f.

Nota, la Pace domestica, comed., in-12. Milano, 1821. 1 f. 25 c. p. 1 f. 80 c.

Omero, Iliade, tradotta da Monti, in-32, 3 vol., pap. vél. Firenze, 1823. 5 f. p. 7 f. 50 c.

—— Milano, 1820, in-12, 2 vol. (Jolie édit.) 6 f. p. 8 f.

—— Tradotta da Cesarotti, in-16, 3 vol. Torino, 1816. 5 f. 50 c. p. 7 f. 50 c.

Pagano, Considerazioni sul Processo criminale. Milano, 1802, in-16. 2 f. 50 c. p. 3 f.

Petrarca, Rime, in-18, 2 vol. Firenze, 1815. 2 f. 50 c. p. 4 f.

—— Con illustrazioni, in-12, 4 vol., fig. Firenze, 1823. (Bonne édit.) 8 f. p. 12 f.

—— Firenze, Palade, 1818, in-32, 2 vol., pap. vél. 4 f. p. 6 f.

—— Con commentario da Biagioli, in-8., 4 vol. Parigi, 1821. (Excellente édit.) 32 f. p. 42 f.

—— Parigi, 1821, in-32, 2 vol., pap. vél. 3 f. p. 4 f.

Petroni, Dante, Ariosto e Tasso, epitome delle lor vite ed analyse dei loro principali poemi, opera scritta ad uso degli studiosi della italica lingua. Londra, 1816, in-8., pap. vél. 5 f. p. 8 f.

—— Proverbi di Salomone, esposti in terza rima, con note, in-8. Londra, 1815, pap. vél. 5 f. p. 8 f.

Pindemonti, opere, in-8., 3 vol. Verona, 1817. (Belle édit.) 10 f. 50 c. p. 15 f.

—— Epistole e prose, in-8. (Belle édit.) 3 f. 50 c. p. 5 f.

—— Arminio, tragedia, in-8. (Belle édit.) 3 f. 50 c. p. 5 f.

Poliziano, opere poetiche, 2 vol. in-12. Firenze, 1814, portr. (Très-jolie édition.) 2 f. 50 c. p. 4 f.

Quarenghi, fabriche e disegni di Architettura, in-fol. Milano, 1821. Ouvrage d'une belle exécution avec un grand nombre de belles gravures. 48 f. p. 72 f.

Raccolta di classici criminalisti, 6 vol. in-8. Milano, 1813. 10 f. p. 18 f.

Scelta di novelle de' più eleganti Scrittori italiani, 3 vol. in-18. Milano, 1812. 8 f. p. 12 f.

Soave, novelle morali, 2 vol. in-18. Parigi, 1823. 2 f. 50 c. p. 4 f. 50 c.

Spettatore italiano del conte Ferri di S. Costante, 4 vol. in-8. Milano, 1822. 24 f. p. 30 f.

Tasso, Gerusalemme liberata. Milano, 1820, 2 vol. in-8. (Jolie édition.) 7 f. 50 c. p. 12 f.

—— Prato, 2 vol. in-12, 1822, figures. 5 f. p. 7 f. 50 c.

—— Firenze, Palade, 2 vol. in-32, 1818, pap. vél. 4 f. p. 6 f.

—— Aminta, in-8., 1820. 1 f. 25 c. p. 2 f.

—— Firenze, in-32, 1821. (Jolie édit.) 1 f. 50 c. p. 2 f.

—— Veglie, in-12. Firenze, 1822, portr. 2 f. p. 3 f.

—— Venezia, 1811, 2 vol. in-12. 3 f. 50 c. p. 5 f.

—— Firenze, 1818, 2 vol. in-18. (Jolie édit.) 4 f. p. 6 f.

Tassoni, la Secchia rapita. Firenze, 1823, in-32, portrait, pap. vél. 1 f. 50 c. p. 2 f.

—— in-24, Cazin. 1 f. 50 c. p. 2 f.

—— Venezia, Vittarelli, 1813 (jolie édit.) in-16. 4 f. p. 6 f.

Teatro scelto italiano. Milano, 1821-24, 28 vol. in-24. (Jolie édit. cart.) 82 f. p. 112 f.

Teorica de' Verbi italiani, in-12. Milano, 1820. 3 f. p. 4 f.

Tiraboschi, Storia della Litteratura italiana : Pisa, 1805, 20 vol. in-8. 55 f. p. 80 f.

Toderini, Litteratura turchesca. Venezia, 1787, 3 vol. in-8. 10 f. p. 15 f.

Vasari, Vite de' pittori e scultori, 12 vol. in-18. Firenze, 1822-24, avec grand nombre de belles gravures. (Très-jolie et excellente édit.) 36 f. p. 50 f.

Veneroni, Maître italien, (nouvelle édition) revue par Laury. Lyon, 1820, in-8. 4 f. p. 6 f.

Verri, Noti romane. Firenze, 1823, 2 vol. in-18, pap. vél. (Jolie édit.) 4 f. p. 6 f.

Villani, le Storie universali de' suoi tempi, 8 vol. in-8. Firenze, 1823. 32 f. p. 48 f.

Vinci, Trattato della Pittura, in-4. Milano, 1804. 25 f. p. 36 f.

Virgilio, Eneide, tradotta da Anibal Caro, 2 vol. in-32. Firenze, 1822, pap. vél. (Jolie édit.) 4 f. p. 6 f.

Visconti, Museo Pio Clementino, 6 vol.; Iconografia romana, 1 vol.; Museo Chiaramonti, 1 vol.; en tout 8 vol. in-8. Milano, 1817-23. 200 f. p. 300 f.

—— Idem, 8 vol. in-4., fig., grand pap. vél. 400 f. p. 600 f.

Zotti, le Nouveau maître italien, in-12. Paris, 1823. 2 f. 75 c. p. 3 f. 50 c.

—— Nouveau cours de thèmes italiens, in-12. Paris, 1823. 1 f. 75 c. p. 2 f. 50 c.

Livres espagnols.

Cervantes, Historia de Don Quixotte de la Mancha. Paris, 1814, in-8. 7 vol., belles figures. (Jolie édit.) 42 f. p. 54 f.

— Idem in-18. 7. vol. Paris, 1814, belles figures. (Jolie édit.) 27 f. p. 36 f.

—— Idem Burdeos, in-12. 4 vol. (Jolie édit.) 9 f. p. 12 f.

Collection española de Piezas en prosa y en verso sacadas de varios autores españoles. in-18. 2 vol. 1819. (Jolie édition.) 2 f. 50 c. p. 3 f. 50 c.

onnon, le Maître espagnol. Lyon. 1820, in-8. 3 f. 50. p. 5 f.

—— Idem. Paris. 1823, in-12. 2 f. p. 3 f.

Ercilla, la Araucana, poema epico, in-18., 4. vol. Paris, 1823. (Jolie édition.) 6 f. p. 8 f.

Garcilazo de la Vega, obras poeticas, in-18, 1821. 1 f. 25 c. p. 2 f.

Gatel, Dictionnaire français-espagnol, et espagnol-français, in-4., 2 vol. Lyon, 1823. 24 f. p. 36 f.

Iglesias, Almacen de fructos literarios inneditos de los mejores autores d'Espana, in-18, 2 vol. 1818. 2 f. 25 c. p. 3 f.

Isla, Historia del famoso predicador don Gerundio de Campazas. in-18. 5 vol. Lyon, 1820. 7 fr. p. 10 f.

Lesage, Aventuras de Gil Blaz, in-12, 4 vol. Madrid, 1807. 8 f. p. 12 f.

Lesage, idem, in-18, 6 vol. Lyon, 1819. (Jolie édition.) 8 f. p. 12 f.
—— Bachiller de Salamauca, in-18, 2 vol. 1821. (Jolie édition.) 3 f. 25 c. p. 4 f. 50 c.
Llorente, Historia critica de la Inquisicion d'Espaua, in-18, 10 vol. Madrid (Paris), 1822. 24 f. p. 30 f.
Lope de Vega, obras poeticas selectas, in-18. 1821. (Jolie édition.) 1 f. 50 c. p. 2 f. 50 c.
Melendez Valdes, poesias, in-18, 3 vol. 1821. (Jolie édition.) 4 f. 50 c. p. 6 f.
Moratin, comedias, in-12, 2 vol. Paris, 1821. 5 f. p. 7 f.
Nunez Taboada, Dictionnaire espagnol-français, et français-espagnol, in-16, 2 vol. Paris, 1823. 5 f. 50 c. p. 7 f. 50 c.
Quevedo, Suenos morales, visiones y visitas de Torres con Quevedo por Madrid, in-18. (Jolie édition.) 1 f. 50 c. p. 2 fr. 50 c.
—— Obras jocosas, in-18, 4 vol. 1821. 6 f. p. 8 f.
Solis, Historia della conquista del Mexico, 5 vol. in-18. Madrid, 1819. 9 f. p. 12 f.
Verneuil, Grammaire de l'Académie espagnole, traduite en français et en anglais, à l'usage des deux nations avec un traité de la prononciation, 2 vol. in-8. Paris, 1821. 10 f. p. 13 f. 75 c.
Yriarte, Poema de la Musica, in-18. 1822. (Jolie édit.) 1 f. 50 c. p. 2 f.

Assortimens.

Accum, Traité des réactifs chimiques, in-8. Paris, 1819. 4 f. 50 c. p. 5 f.
Administration (de l') de la justice et de l'ordre judiciaire en France, in-8, 2 vol. Paris, 1824. 10 f. p. 12 f.
Alard, du siège et de la nature des maladies, in-8., 2 vol. Paris, 1821. 10 f. p. 12 f.
Alibert, Description des maladies de la peau, avec figures coloriées, grand in-fol., onze livraisons. 440 f. p. 550 f.
Anquetil, Précis de l'histoire universelle, in-18, 12 vol. Paris, 1821. 18 f. p. 25 f.
Antiquité (l') dévoilée au moyen de la Genèse, in-8. Paris, 1815. 3 f. p. 3 f. 50 c.
Antiquités grecques, traduit de l'anglais de Robinson, in-8., 2 vol. Paris, 1822. 13 f. p. 15 f.
— romaines, par Adam, traduit de l'anglais, in-8., 2 vol. 10 f. p. 12 f.
Archives des découvertes et des inventions nouvelles faites dans les sciences, les arts, et les manufactures tant en France que dans les pays étrangers. Paris, 1809 — 23, in-8., 15 vol. 90 f. p. 105 f.
Arlincourt, le Renégat, in-12, 2 vol. Paris. 4 f. 25 c. p. 5 f.
—— idem, in-8., 2 vol. 8 f. 50 c. p. 10 f.
Battur, Droit politique et diplomatique, in-8., 2 vol. Paris, 1822. 10 f. 50 c. p. 12 f.
Bavoux, Leçons sur le Code pénal, in-8. Paris, 1821. 7 f. p. 8 f.
Beauchamp, Histoire du Brésil, in-8., 3 vol. Paris, 1815. 13 f. 50 c. p. 18 f.
Beautés de l'Histoire des Croisades, in-12, fig. 2 f. 25 c. p. 3 f.
— de l'Histoire de Perse, in-12, 2 vol., fig. 4 f. 50 c. p. 6 f.
— et époques mémorables de l'Histoire de Russie, in-12, fig. 2 f. 25 c. p. 3 f.
— et époques mémorables de l'Histoire d'Angleterre, in-12, fig. 2 f. 25 c. p. 3 f.
— et époques mémorables de l'Histoire de France, in-12, fig. 2 f. 25 c. p. 3 f.
— de l'Histoire de Savoie, Gênes et Piémont, in-12, fig. 2 f. 25 c. p. 3 f.
— de l'Histoire de la Chine, in-12, 2 vol., fig. 4 f. 50 c. p. 6 f.
— de l'Histoire de la Suisse, in-12, fig. 2 f. 25 c. p. 3 f.
— de l'Histoire de Turquie, in-12, fig. 2 f. 25 c. p. 3 f.
— de l'Histoire de Suède, Danemarck et Norvége, in-12, fig. 2 f. 25 c. p. 3 f.
— de l'Histoire de Hollande et des Pays-Bas, in-12, fig. 2 f. 25 c. p. 3 f.
— de l'Histoire d'Italie, in-12, 2 vol., fig. 4 f. 50 c. p. 6 f.
— de l'Histoire d'Amérique, in-12, 2 vol., fig. 4 f. 50 c. p. 6 f.
— de l'Histoire de Portugal, in-12, 1 vol., fig. 2 f. 25 c. p. 3 f.
— et merveilles de la nature en France, in-12, 2 vol., fig. 4 f. 50 c. p. 6 f.
— de l'Histoire grecque, in-12, 1 vol., fig. 2 f. 25 c. p. 3 f.
— de l'Histoire de l'Inde, in-12, 2 vol., fig. 4 f. 50 c. p. 6 f.
— de l'Histoire du Jeune âge, par madame de Renneville, in-12, fig. 2 f. 25 c. p. 3 f.
— de l'Histoire de Pologne, in-12, fig. 2 f. 25 c. p. 3 f.
— de l'Histoire des Voyages, in-12, 2 vol., fig. 4 f. 50 c. p. 6 f.
— et merveilles du Christianisme, in-12, 2 vol., fig. 4 f. 50 c. p. 6 f.
— de l'Histoire des Espagnes, in-12, 1 vol., fig. 2 f. 25 c. p. 3 f.
— de l'Histoire de l'Empire germanique, in-12, 2 vol., fig. 4 f. 50 c. p. 6 f.
— de l'Histoire militaire, in-12, fig. 2 f. 50 c. p. 3 f. 75 c.
— de l'Histoire du Bas-Empire, in-12, fig. 2 f. 25 c. p. 3 f.
— de l'Histoire romaine, in-12, fig. 2 f. 25 c. p. 3 f.
— de l'Histoire du Mexique, in-12, fig. 2 f. p. 2 f. 50 c.
— de l'Histoire ecclésiastique, in-12, 2 vol., fig. 5 f. 25 c. p. 7 f.
Bentham, Tactique des Assemblées législatives, 2 vol. in-8. Paris, 1821. 11 f. p. 13 f.
— Traité de Législation civile et pénale, 3 vol. in-8. 15 f. p. 18 f.
— Théorie des Peines et des Récompenses, 2 vol. in-8. 10 f. p. 12 f.
— Traités des Preuves judiciaires, 2 vol. in-8. Paris, 1822. 12 f. p. 14 f.
Bernardin de Saint-Pierre, Paul et Virginie, in-8. Paris, 1822, grand pap. vélin, superbes fig. sur pap. de Chine. 20 f. p. 30 f.
— Études de la Nature, 5 vol. in-12. Paris. 15 f. p. 17 f. 50 c.
— La Chaumière indienne, in-18. 1 f. p. 1 f. 50 c.
Berzelius, Essai sur les Proportions chimiques, in-8. Paris, 1819. 4 f. p. 4 f. 50 c.
— Nouveau système de Minéralogie, in-8. Paris, 1819. 3 f. 50 c. p. 4 f.
— de l'Emploi du chalumeau dans les Analyses chimiques, in-8. Paris, 1821. 5 f. 50 c. p. 6 f. 50 c.
Biographie des jeunes gens, par Alph. de Beauchamp, 4 vol. in-12, fig. 9 f. p. 12 f.
— des jeunes demoiselles, par madame Dufresnoy, 4 vol. in-12, fig. 9 f. p. 12 f.
Biographie universelle, ancienne et moderne, in-8., tom. 1 à 38. Paris. Le vol. 6 f. p. 7 f.
— des hommes vivans. Paris, 1816, 5 vol. in-8. 30 f. p. 36 f.
Boisseau, Pyretologie physiologique. Paris, 1824, in-8. 7 f. p. 8 f.
Botta, Histoire d'Italie depuis 1789 à 1814, 5 vol. in-8. Paris, 1824. 30 f. p. 36 f.
Boucher, Institutions commerciales. Paris, 1801, in-4. 12 f. p. 15 f.
— Institutions au Droit maritime. Paris, 1803, in-4. 12 f. p. 15 f.
Bourguignon, Dictionnaire des lois pénales de France. Paris, 3 vol. in-8. 13 f. p. 18 f.
Brisson, Dictionnaire de physique, 6 vol. in-8., et atlas. Paris, 1800. 27 f. p. 36 f.
Cabanis, Rapports du physique et du moral de l'homme, 3 vol. in-12. Paris, 1824. 7 f. p. 8 f.
Callet, Tables des logarithmes, in-8. 12 f. p. 15 f.
Campan (madame), de l'Éducation, 2 vol. in-8. Paris, 1823. 12 f. p. 14 f.
— Lettres à deux amies, in-12. Paris, 1823, fig. 2 f. 50 c. p. 3 f.
Capuron, Maladies des enfans, in-8. Paris. 6 f. p. 7 f.
— Maladies des femmes, in-8. Paris. 6 f. 50 c. p. 7 f. 50 c.
Code pharmaceutique, (traduction du latin du Codex medicamentarius) par Jourdain, in-8. Paris, 1821. 7 f. p. 8 f.
Collection historique des ordres de chevalerie, par Perrot, avec 40

planches en couleur, in-4. Paris, 1819.   30 f. p. 36 f.
Constitution d'Angleterre, par Delolme. Paris, 1819, in-8. 6 f. p. 7 f. 50 c.
Contes de la reine de Navarre, 8 vol. in-18, fig., 1807. 12 f. p. 18 f.
Cullen, Médecine pratique, 3 vol. in-8., 1819.   15 f. 50 c. p. 18 f.
Curiosités universelles, contenant les plus beaux ouvrages de la Nature, par Propiac, 2 vol. in-12. Paris, 1824, fig.   5 f. 25 c. p. 7 f.
Daunou, des Garanties individuelles, in-8.   3 f. p. 4 f.
Deluc, Traité du Fluide électrico-galvanique. Paris, 1804, 2 vol. in-8. fig.   7 f. p. 10 f.
Delille, OEuvres complètes, 18 vol. in-8., pap. vélin supertin, 47 fig.   223 f. p. 260 f.
— Idem, 17 vol. in-8., pap. grand raisin, fig.   87 f. 50 c. p. 105 f.
— Idem, 17 vol. in-18, pap. grand raisin, fig.   50 f. p. 60 f.
On vend séparement les ouvrages de cette collection, savoir :
Conversation, in-8, pap. raisin.   5 f. p. 6 f.
Idem, in-18, pap. raisin.   3 f. 50 c. p. 4 f.
Les Trois Règnes de la Nature, 2 vol. in-8.   10 f. p. 12 f.
Idem, 2 vol. in-18, fig.   6 f. p. 7 f.
L'Imagination, 2 vol. in-18.   10 f. p. 12 f.
Idem, 2 vol. in-18.   6 f. p. 7 f.
Poésies fugitives et dithyrambes, 1 vol. in-8.   6 f. p. 7 f.
Idem, 1 vol. in-18.   3 f. 50 c. p. 4 f.
Les Jardins, 1 vol. in-8.   5 f. p. 6 f.
Idem, 1 vol. in-18.   3 f. p. 3 f. 50 c.
L'Homme des champs, 1 vol. in-8.   5 f. p. 6 f.
Idem, 1 vol. in-18.   3 f. p. 3 f. 50 c.
La Pitié, 1 vol. in-8.   5 f. p. 6 f.
Idem, 1 vol. in-18.   3 f. p. 3 f 50 c.
Le Paradis perdu, 2 vol. in-8.   10 f. p. 12 f.
Idem, 2 vol. in-18.   6 f. p. 7 f.
Les Géorgiques de Virgile, 1 vol. in-8.   5 f. p. 6 f.
Idem, 1 vol. in-18.   3 f. p. 3 f. 50 c.
L'Énéide de Virgile, 4 vol. in-8.   20 f. p. 24 f.
Idem, 4 vol. in-18.   12 f. p. 14 f.
Les Bucoliques, 1 vol. in-8.   6 f. p. 7 f.
Idem, 1 vol. in-18.   3 f. p. 3 f. 50 c.
Delarue, Cours des Maladies des yeux, in-8. Paris, 1823.   5 f. p. 6 f.
Depradt, Introduction à l'Histoire de Charles V, in-8. Paris, 1823.   4 f. 25 c. p. 5 f.
Description de l'Égypte, ou Recueil des Observations et des Recherches faites en Egypte pendant l'expédition de l'armée française, seconde édition, 25 vol. in-8., avec 900 grav., format grand Atlas, grand aigle et grand-monde, divisés en livraisons de 5 planches. Chaque vol. de texte, in-8.   6 f. p. 7 f.
Chaque livraison des planches.   9 f. p. 10 f.
N. B. Il parait 13 vol. de texte, et 145 de planches.
Dictionnaire des sciences médicales, 60 vol. in-8. Paris, Pankoucke, 1810—22.   300 f. p. 480 f.
—— universel de commerce, in-8. Paris, 1820.   10 f. p. 12 f.
— féodal, ou Recherches et Anecdotes sur les dimes, les droits féodaux, les fiefs et les bénéfices, les priviléges, les prérogatives et les coutumes féodales, 2 vol. in-8.   7 f. 50 c. p. 10 f.
Dictionnaire des reliques, ou Histoire détaillée et critique des images miraculeuses des saints vénérés dans le monde chrétien. Paris, 1821, 3 vol. in-8.   13 f. 50 c. p. 18 f.
Dictionnaire universel de commerce, banque, manufactures, douanes, pêches, etc., dédié à la Banque de France, 2 vol. in-4. Paris, 1815.   27 f. p. 36 f.
Dictionnaire de l'Académie française, 2 vol. in-4   24 f. p. 36 f.
—— des Cultes religieux, 4 vol. in-8., fig.   20 f. p. 24 f.
Dictionnaire chinois-français et latin; par Déguignes, in fol., grand pap. Paris, 1813.   90 f. p. 120 f.
Dictionnaire d'éducation morale, de science et de littérature, par Capelle. Paris, 1824, 2 vol. in-8.   9 f. p. 12 f.
Doges, Essai phisiologico-pathologique sur la nature des fièvres, 2 vol. in-8. Paris, 1823.   11 f. p. 13 f.
Dupin, de l'Administration des secours publics, in-8. Paris, 1821.   4 f. 50 c. p. 6 f.
Durand, Leçons d'architecture, 2 vol. in-4, fig.   34 f. p. 40 f.
—— Parallèles d'architecture, grand in-fol.   150 f. p. 180 f.
Les Étoiles et les Perroquets, ouvrage satirique et allégorique. Paris, 1823, 1 vol. in-8.   4 f. p. 6 fr.

Encyclopédie méthodique par ordre de matières, in-4., 95 livraisons.   1400 f. p. 3,600 f.
Dictionnaires de l'Encyclopédie, par ordre de matières, qu'on peut actuellement se procurer séparément avec la remise de 20 pour 100.
Amusemens des sciences physiques et mathématiques, 2 vol. in-4., dont un d'environ 90 planches, br.   36 f.
Antiquités, 5 vol. in-4. br.   80 f.
Planches des Antiquités, première, seconde, troisième, quatrième et dernière parties, 5 vol. grand in-4.   144 f.
Art aratoire, avec les planches, 2 vol. in-4. br.   21 f.
Art militaire, 5 vol. in-4. br., dont un de planches.   70 f.
Beaux-Arts, 3 vol. in-4. br., dont un vol. de 134 planches.   75 f.
Botanique, 8 vol. in-4, brochés.   128 f.
Botanique, supplément, tomes 1 et 2.   32 f.
Les neuf centuries de planches, in-4., pour ce Dictionnaire, à 33 f. chaque, br.   297 f.
Dictionnaire de toutes les chasses, avec les planches, 2 vol. in-4. br. 21 f.
Chirurgie, 3 vol. in-4. dont un de planches, brochés.   54 f.
Commerce, 3 vol. in-4. brochés.   48 f.
Économie politique et diplomatique, 4 vol. in-4. brochés.   64 f.
Encyclopédiana, 1 vol. in-4. broché.   21 f.
Finances, 3 vol. in-4. brochés.   48 f.
Géographie ancienne, 3 vol. in-4. brochés.   48 f.
Géographie moderne, 3 vol. in-4. brochés.   48 f.
Atlas, 2 vol. grand in-4. brochés.   60 f.
—— Le même, enluminé.   70 f.
Grammaire et Littérature, 3 vol. in-4. brochés.   48 f.
Histoire, 6 vol. in-4., brochés.   90 f.
Jurisprudence, 9 vol. et demi in-4. brochés.   142 f. 50 c.
Logique, métaphysique, morale et éducation, 4 vol. in-4. br.   64 f.
Mathématiques, 3 vol. in-4., et 1 vol. de planches, br.   75 f.
Jeux, avec planches, 1 vol. in-4., broché.   11 f.
Suite des jeux mathématiques et des jeux familiers, demi-vol. in-4. broché.   7 f.
Marine, 3 vol. in-4., et 1 vol. de planches, brochés.   80 f.
Philosophie ancienne et moderne, 3 vol. in-4., brochés.   48 f.
Théologie, 3 vol. in-4. brochés.   48 f.
Tableaux encyclopédiques et méthodiques des trois règnes de la nature, ou Planches de l'Histoire naturelle, avec leur explication. Il en a paru jusqu'à présent 22 parties. Prix de ces 22 parties, grand in-4., brochés.   726 f.
Prix des 21 parties, non compris la Pêche.   693 f.
La Pêche séparément.   38 f.
Le demi-vol. de discours de la Pêche.   8 f.
Enfans (les) voyageurs, par la baronne de Méré, 4 vol. in-18. avec 200 figures.   6 f. p. 8 f.
Essai sur l'histoire de la peinture en Italie, par Orloff. Paris, 1823, 2 vol. in-8.   8 f. 50 c. p. 10 f.
Études littéraires des classiques français, par Bail. Paris, 1824, 2 vol. in-12.   4 f. 50 c. p. 6 f.
Examen sur le Traité du Beau et du Sublime, de Kant; par Keratry. Paris, 1823, in-8.   6 f. p. 7 f.
Florian, OEuvres posthumes et inédites. Paris, 1824, 4 vol. in-12.   10 f. p. 12 f.
Galerie des peintres flamands, hollandais et allemands, par Lebrun, avec 201 planches, 3 vol. in-fol.   250 f. p. 300 f.
Ganilh, des Systèmes d'économie politique. Paris, 1821, 2 vol. in-8.   10 f. p. 12 f.
—— du Pouvoir de l'opposition dans la société civile. Paris, 1824, in-8.   5 f. p. 6 f.
—- Essai sur le revenu public. Paris, 1823, 2 vol. in-8.   10 f. p. 12 f.
Gaule poétique, ou l'Histoire de France considérée dans ses rapports avec la poésie, l'éloquence et les beaux-arts, par de Marchangy, 8 vol. in-8. Paris, 1819.   42 f. p. 54 f.
Gauthey, Traité de la construction des ponts, 3 vol. in-4., figure. 66 f. p. 72 f.
Genlis, Arabesques mythologiques. 2 vol. in-8. Paris, 1812, cartonné, avec beaucoup de figures coloriées.   60 f. p. 72 f.
Georget, Physiologie du système nerveux, 2 vol. in-8. Paris, 1821.   10 f. p. 12 f.
Goupil, Exposition des principes de la nouvelle doctrine médicale, in-8. Paris, 1824.   7 f. p. 8 f.

Grimoard, Histoire de Frédéric-le-Grand, in-8. Londres, 1788. 6 f. p. 9 f.
Grosier, Description générale de la Chine, 7 vol. in-8. Paris, 1820. 36 f. p. 42 f.
Guizot, de la Peine de mort en matières politiques, in-8. Paris, 1822. 3 f. 50 c. p. 4 f.
Guthrie, Abrégé de la géographie, 2 vol. in-8., et Atlas. 17 f. p. 20 f.
Hamilton, OEuvres complètes, 5 vol. in-18. Paris, Renouard. 7 f. p. 8 f. 50 c.
Helvétius, OEuvres complètes, 3 vol. in-8. 14 f. p. 18 f.
Hérodote, Nouvelle traduction, par le comte Miot, 3 forts vol. in-8. Paris, 1823. 24 f. p. 27 f.
Histoire des guerres des Français en Italie, par Jubé et Servan, 7 vol. in-8, et Atlas. Paris, 1805. 48 f. p. 75 f.
Histoire de la maison d'Autriche, par Coxe, 5 vol. in-8. Paris, 1810. 20 f. p. 30 f.
Histoire des Religions, ou Mœurs et coutumes religieuses de tous les peuples du monde, avec le texte de Beruard, et 638 figures d'après Bernard Picart, 6 vol in-4. 100 f. p. 195 f.
Histoire du Bas-Empire, par Lebeau et Ameilhon, 30 vol. in-12, (avec les tables). 60 f. p. 85 f.
Histoire des variations de l'Église protestante, par Bossuet, 4 vol. in-8. 21 f. p. 24 f.
Histoire des campagnes d'Allemagne, d'Italie, de Suisse, etc., pendant 1796 à 1799, 4 vol. in-8. 16 f. p. 20 f.
Histoire naturelle des Poissons et des Cétacés, par Sonnini, 14 vol. in-8. Paris, 1804, fig. 60 f. p. 70 f.
—— naturelle des Singes, par Latreille, 2 vol. in-8. Paris, 1801, fig. 18 f. p. 21 f.
—— romaine de Tite Live avec le texte en regard, traduite par Dureau de Lamalle, 17 vol. in-8. Paris, 1823. 92 f. p. 110 f.
Histoire des Croisades, par Michaud, 1819-1822, 7 vol. in-8. Paris. 42 f. p. 49 f.
—— des Empereurs romains, par Crevier, 6 vol. in-8., et Atlas in-4. Paris, 1819. 32 f. p. 45 f.
—— littéraire d'Italie, par Ginguené, 9 vol. in-8. 45 f. p. 54 f.
Home, Maladies de la Glande prostate, in-8. Paris, 1820. 5 f. p. 6 f.
Huffelaud, Traité de la maladie scrofuleuse, in-8. Paris, 1821. 5 f. p. 6 f.
Jeunes Filles (les), ou le Monde et la Solitude, par Mme de la Faye, 6 vol. in-18. 1823, fig. 7 f. 50 c. p. 10 f.
Dictionnaire allemand-français et français-allemand, à l'usage des deux nations, 2 vol. in-8. Strasbourg, 1812. 20 f. p. 24 f.
— Dictionnaire d'anecdotes, traits singuliers, etc., 2 vol. in-12. Riom, 1807. 3 f. 50 c. p. 5 f.
— Dictionnaire universel de commerce, 1 gros vol. in-8., de 900 pages. Paris, 1818. 10 f. p. 12 f.
— Dictionnaire universel de commerce, banque, manufactures, douane, pêche et navigation, 3 vol. in-4. 36 f. p. 51 f.
Jouy, Ermite de la Chaussée-d'Antin, 5 vol. in-12. Paris, figures. 16 f. 50 c. p. 18 f. 75 c.
— Ermite en Province, 3 vol. in-12. Paris, fig. 9 f. 75 c. p. 11 f. 50 c.
— Guillaume le Franc-Parleur, 2 vol. in-12. Paris, fig. 6 f. 50 c. p. 7 f. 50 c.
— Ermite de la Guiane, 3 vol. in-12. Paris, fig. 9 f. 75 c. p. 11 f. 25 c.
— Ermite à Londres, 3 vol. in-12. Paris, fig. 9 f. 75 c. p. 11 f. 25 c.
Jumel, Galerie des enfans, in-12, fig. 2 f. p. 2 f. 50 c.
—— Galerie des jeunes personnes, in-12, fig. 2 f. p. 2 f. 50 c.
Labeaume, Histoire de la république de Venise, 2 vol. in-8. Paris, 1811. 6 f. p. 8 f.
Lacretelle, Histoire de France pendant les guerres de religion, 4 vol. in-8. 20 f. p. 24 f.
—— Histoire de France, pendant le 18e siècle, 10 vol. in-8. 50 f. p. 60 f.
La Fontaine, Fables, avec un commentaire de Charles Nodier, avec 12 superbes gravures, 2 vol. in-8., pap. vél. 18 f. p. 24 f.
Laharpe, Cours de Littérature, 16 vol. in-18. 32 f. p. 40 f.
—— 16 vol. in-8, (belle édit.) 72 f. p. 96 f.
Las Cazas, OEuvres complètes, recueillies et traduites par Llorente, 2 vol. in-8. Paris, 1822. 10 f. p. 13 f. 50 c.
Lavater, Art de la Physionomie, ornée de 600 gravures, 10 vol. grand in-8. Paris, 1820. 120 f. p. 160 f.
Legendre, Géométrie, in-8. 5 f. p. 6 f.
Lettres à Emilie sur la mythologie, par Demoustier. Paris, 6 vol. in-18,

avec 6 fig. 3 f. 50 c. p. 4 f. 50 c.
— Idem, avec 12 fig. 4 f. 50 c. p. 6 f.
— 2 vol. in-8., fig. 7 f. p. 10 f.
Lettre à M. Malthus, sur les causes de la stagnation du commerce, par J. B. Jay, in-8. Paris, 1821. 3 f. p. 3 f. 50 c.
Lettres de Mme de Sévigné. Paris, 1824, 12 vol. in-8., avec beaucoup de beaux portraits (très-belle édition et la plus complète qui existe). 60 f. p. 84 f.
Mably, OEuvres, 12 vol. in-8., relié en basane. 36 f. p. 60 f.
Maison (la) des Champs, ou Manuel général du cultivateur, par Pfluguer. Paris, 1819, 4 vol. in-8, fig. 30 f. p. 36 f.
Malcolme, Histoire de la Perse, 4 vol. in-8. Paris, 1821, fig. 22 f. p. 26 f.
Manuscrit de 1814, rédigé à cette époque, par ordre de Napoléon, par le baron Fain. Paris, 1823, in-8. 6 f. p. 7 f.
Maygrier, Art des Accouchemens, 2 vol. in-8. Paris, 1817. 10 f. 50 c. p. 13 f.
Mazois, les Ruines de Pompéi, in-fol., livraisons 1 à 18, à 16 f. p. 20 f.
Mémoires sur la vie de Marie-Antoinette, reine de France, par Mme Campan, 3 vol. in-8. Paris, 1823. 16 f. p. 18 f.
— Idem, 4 vol. in-12. Paris, 1823. 10 f. p. 12 f.
Mémoires du général Rapp. Paris, 1823, in-8. 6 f. p. 7 f.
—— de Gohier, président du directoire au 18 brumaire. Paris, 2 vol. in-8., 1823. 12 f. p. 14 f.
—— du duc de Choiseul, pair de France, in-8. Paris, 1823. 6 f. p. 7 f.
—— du colonel Vouthier, sur la guerre des Grecs. Paris, 1823, in-8. 6 f. p. 7 f.
—— pour servir à l'Histoire de France sous Napoléon, écrits à Sainte-Hélène sous sa dictée, et publiés par le comte Montholon et le général Gourgaud, sur les manuscrits autographes corrigés de la main de Napoléon, 7 vol. in-8. Paris, 1822-24. 45 f. 50 c. p. 52 f. 50 c.
—— de Sully, 6 vol. in-8. Paris, 1819. 30 f. p. 42 f.
Mémoires de la marquise de La Roche-Jacquelin, in-8. Paris, 1822. 5 f. p. 7 f.
Mémoires du duc de Saint-Simon, 6 vol. in-8. Paris, 1818. 27 f. p. 36 f.
Mémoires et prix de l'Académie royale de Chirurgie de Paris, 12 vol. in-8., fig. Paris. 48 f. p. 72 f.
Mémoires pour servir à l'Histoire des événemens du 18e siècle, par l'abbé Georgel, 6 vol. in-8. Paris, 1821. 27 f. p. 36 f.
Mémoires pour servir à la vie du général Lafayette, et à l'Histoire de l'Assemblée constituante, rédigés par Regnault-Warin, 2 vol. in-8. Paris, 1824. 10 f. p. 12 f.
Mémoires secrets et universels des malheurs et de la mort de Marie-Antoinette, reine de France, par Lafont d'Aussonne, in-8. Paris, 1824. 5 f. p. 6 f.
Merveilles de la nature vivante, ou Galerie des animaux curieux. Paris, 1823, in-8., avec 32 fig. 12 f. p. 15 f.
Meyer, Esprit, origine et progrès des institutions judiciaires. Paris. 1823, 5 vol. in-8. 36 f. p. 42 f.
Micali, l'Italie avant la domination des Romains, traduit de l'Italien, 4 vol. in-8, et Atlas in-fol. Paris, 1824. (Ouvrage très-savant.) 66 f. p. 75 f.
Miguet, Histoire de la Révolution française, depuis 1789 jusqu'en 1814, 2 vol. in-8. Paris, 1824. 8 f. 50 c. p. 10 f.
Mill, Elémens d'économie politique, traduit de l'Anglais. Paris, 1823. 4 f. 50 c. p. 5 f. 50 c.
Millin, Antiquités nationales, ou Recueil des monumens pour servir à l'Histoire, tels que tombeaux, inscriptions, statues, mosaïques, etc., avec 250 fig., 5 vol. in-4. Paris. 80 f. p. 210 f.
Mirabeau, OEuvres oratoires, 3 vol. in-8. Paris, 1820. 16 f. 50 c. p. 21 f.
Morgan (lady), l'Italie, 4 vol. in-8. Paris, 1821. 21 f. p. 24 f.
Musée français, ou Recueil des tableaux, statues et bas-reliefs qui composent la collection du Louvre, publié par Robillard et Laurent, 4 vol. grand in-fol., demi-reliure. 2200 f. p. 3340 f.
Nouveau Dictionnaire de médecine, chirurgie, pharmacie, physique et histoire naturelle, par une société de medecins, 2 forts vol. in-8. Paris, 1822. 17 f. p. 20 f.
OEuvres de Napoléon Bonaparte, 5 vol. in-8. Paris, 1822. 22 f. 50 c. p. 30 f.
OEuvres d'Arnaud, 12 vol. in-8. Paris, fig. 45 f. p. 60 f.

- diverses de Barthélemy (auteur du voyage d'Anacharsis), 2 vol. in-8, fig.   8 f. p. 10 f.
— complètes de Boileau, 3 vol. in-12, Paris.   7 f. p. 10 f.
—— 3 vol. in-8. Paris, 1810.   12 f. 50 c. p. 18 f.
— de Collin d'Harleville, 4 vol. in-8. Paris, 1821.   20 f. p. 24.
— complètes de Condillac, Paris, 1822, 16 vol. in-8. (Belle édition.)   80 f. p. 96 f.
— de Corneille, 12 vol. in-8, avec jolies figures de Moreau.   96 f. p. 108 f.
— de Crébillon, 2 vol. in-8, fig. Paris, 1818.   15 f. p. 18 f.
— de Démosthène et d'Eschine, grec-français, traduit par Auger, revu par Planche, 10 vol. in-8. Paris, 1819.   80 f. p. 90 f.
OEuvres complètes de Dorat, 20 vol. in-8. Paris, avec de belles figures.   50 f. p. 60 f.
— de Clément Marot, avec des notes par Auguis. Paris, 1824, 5 forts vol. in-18.   17 f. p. 20 f.
— de Racine, avec les notes de Petitot, 5 vol. in-8.   21 f. p. 30 f.
— de J. J. Rousseau, 37 vol. in-18. Paris, 1793. (Jolie édition.)   54 f. p, 78.
——— 8 vol. in-8. Paris, 1817.   45 f. p. 60 f.
OEuvres complètes de Mme de Souza. Paris, 1822, 6 vol. in-8, avec figures.   27 f. p. 36 f.
— Idem, 12 vol. in-12, fig.   24 f. p. 30 f.
OEuvres de Berquin. Paris, 1822, 28 vol. in-18, avec 112 fig. (Jolie édition.)   25 f. p. 36 f.
O'Meara, Napoléon en exil, 4 vol. in-12. Paris, 1822.   10 f. p. 12 f.
Orfila, Leçons de médecine légale, 3 vol. in-8. fig. color. 17 f. p. 20 f.
Origine (de l') des sociétés, et absurdité de la souveraineté des peuples ; par l'abbé Thorel, 3 vol. in-8.   10 f. 50 c. p. 12 f.
Papon, Histoire de la révolution française, 6 vol. in-8. Paris, 1815.   20 f. p. 30 f.
Petits Béarnais, ou Leçons de morale pour la jeunesse, par Mme de la Faye, 4 vol. in-18. fig.   4 f. 50 c. p. 6 f.
Perronet, Description des projets des ponts de Neuilly, Mantes, Orléans et autres, 2 vol. in-fol.   100 f. p. 120 f.
Peuchet, État des colonies, 2 vol. in 8. Paris, 1821.   13 f. p. 15 f.
Peuchet, Dictionnaire de la géographie commerçante, 5 vol. in-4. Paris.   45 f. p. 60 f.
Piron, OEuvres choisies, 2 vol. in-8. Paris, 1823, avec portrait. (Belle édition.)   11 f. p. 14 f.
— Idem, grand pap. vél.   36 f. p. 45 f.
Portal, Observations sur les maladies du foie, in-8. Paris, 1803.   6 f. p. 7 f.
Portal, Observations sur l'hydropisie, 2 vol. in-8. Paris, 1824.   9 f. 50 c. p. 11 f.
Portalis, de l'Usage et de l'Abus de l'esprit philosophique, 2 vol. in-8.   10 f. p. 12 f.
Pouqueville, Histoire de la régénération de la Grèce, depuis 1740 jusqu'en 1824. 4 gros vol. in-8.   31 f. p. 35 f.
—— Voyage dans la Grèce, 5 gros vol. in-8, avec cartes et fig. Paris, 1823.   40 f. p. 45 f.
Précis des événemens militaires, ou Essais historiques sur les campagnes de 1790 à 1814, avec cartes et plans, par le général comte Dumas, 16 vol. in-8. et 8 Atlas.   168 f. p. 192 f.
Proverbes dramatiques de Carmoutelle, 4 vol. in-8. Paris, 1822.   22 f. p. 28 f.
Raynal, Histoire philosophique des deux Indes, nouvelle édition faite sur un manuscrit de l'auteur entièrement refondu, et augmenté d'un Traité sur les colonies par Peuchet, 12 vol. in-8, et Atlas. Paris, 1820.   72 f. p. 90 f.
Recherches sur les costumes, mœurs et usages des anciens peuples, par Maillot. Paris, 1804. 3 vol. in-4. fig.   60 f. p. 75 f.
Richard, nouveaux Élémens de botanique, in-8. fig. Paris, 1822.   6 f. 50 c. p. 7 f. 50
— Histoire naturelle et médicale des médicamens tirés du règne végétal. Paris, 1823. 2 vol. in-8.   10 f. 50 c. p. 12 f.
Rostan, Cours d'hygiène, 2 vol. in-8. Paris, 1822.   11 f. p. 13 f.

Sabathier, médecine opératoire ; nouvelle édition avec notes par Dupuytren, 4 vol. in-8. Paris, 1824.   22 f. p. 26 f.
Say, Catéchisme d'économie politique, in-12. Paris, 1822. 2 f. p. 2 f. 50 c.
Scarpa, Traité des anévrismes, 1 vol. in-8., et Atlas in-fol. 18 f. p. 21 f.
— Maladies des yeux. 2 vol. in-8. Paris, 1821.   10 f. p. 12 f.
Schweighæuserii Lexicon Herodoteum. Argentorati, 2 vol. in-8. Paris, 1824.   17 f. p. 20 f.
Science de l'histoire, par Chantreau, 3 vol. in-4. Paris, 1806.   60 f. p. 84 f.
Ségur, Histoire ancienne, 10 vol. in-8., et Atlas.   49 f. p. 65 f.
— Galerie morale et politique, 3 vol. in-8.   13 f. 50 c. p. 18 f.
— Les quatre Ages, in-12, fig.   3 f. 75 c. p. 5 f.
Sermons de Bourdaloue, 17 vol. in-12.   36 f. p. 51 f.
— de Lenfant, 8 vol. in-12. Paris, 1818.   14 f. p. 20 f.
Simond, Voyage en Suisse, 2 vol. in-8. Paris, 1824.   13 f. p. 15 f.
Sismondi, Histoire des républiques italiennes, 16 vol. in-8.   90 f. p. 108 f.
— Histoire de la littérature du midi de l'Europe, 4 vol. in-8.   21 f. p. 24 f.
— Histoire des Français, 6 vol. in-8. Paris, 1822, 1823.   39 f. p. 45 f.
Sprengel, Histoire de la médecine, 9 vol. in-8. Paris, 1815, 1820.   42 f. p. 57 f.
Stael, Considérations sur la révolution, 3 vol. in-12. Paris.   7 f. 50 c. p. 9 f.
—— 3 vol. in-8.   15 f. p. 18 f.
— de l'Allemagne, 4 vol. in-12.   9 f. p. 12 f.
— de l'Influence des passions, in-8.   4 f. p. 5 f.
— OEuvres complètes, 17 vol. in-8.   85 f. p. 102 f.
— Idem, 17 vol. in-12.   42 f. 50 c. p. 51 f.
— de la littérature considérée dans ses rapports avec les institutions sociales, 2 vol. in-8.   8 f. 50 c. p. 10 f.
Stewart, Élémens de la philosophie de l'esprit humain, 2 vol. in-8. Genève, 1808.   8 f. p. 12 f.
Suisse (la), ou Tableau historique et pittoresque des cantons suisses, 4 vol. in-8., avec figures.   6 f. p. 8 f.
Supplément au Dictionnaire de l'Académie. Paris, 1824, in-4.   10 f. 50 c. p. 12 f.
Susanne, Traité de l'éducation publique et privée dans une monarchie constitutionnelle, 2 vol. in-8. Paris, 1820.   10 f. p. 12 f.
Tacite, traduit par de Lamalle, avec le texte à côté, 6 vol. in-8. Paris.   30 f. p. 36 f.
Théorie des révolutions anciennes et modernes, par Ferrand. Paris, 1817, 4 vol. in-8.   20 f. p. 24 f.
Thiebault, Manuel des états-majors, in-8. Paris.   6 f. p. 7 f.
Thomas, médecine pratique, traduit de l'anglais par Cloquet, 2 vol. in-8. Paris, 1818.   12 f. p. 14 f.
Volney, Voyage en Syrie. Paris, 1822, 2 vol. in-8., cartes et fig.   13 f. p. 15 f.
—— 3 vol. in-18. fig.   8 f. 50 c. p. 10 f.
— Les Ruines, in-8., fig. Paris, 1822.   6 f. p. 7 f.
— Histoire de Samuel, inventeur du sacre des rois, in-12. Paris, 1820.   2 f. p. 2 f. 50 c.
— Chronologie d'Hérodote, in-8. Paris, 1821.   2 f. 50 c. p. 3 f.
— Alphabet européen, in-8.   2 f. 50 c. p. 3 f.
— Leçons d'histoire, in-8. 1822.   2 f. 50 c. p. 3 f.
— Recherches sur l'histoire ancienne, 2 vol. in-8. Paris, 1822.   12 f. p. 14 f.
— Simplification des langues orientales, in-8.   2 f. 50 c. p. 3 f.
— Tableau des États-Unis d'Amérique, in-8. Paris, 1822.   6 f. p. 7 f.
Voltaire, OEuvres complètes, édit. de Beaumarchais. Kehl, 70 vol. in-8, relié en veau, fil. doré sur tranche, pap. fin. 440 f. p. 800 f.
Voyage minéralogique en Hongrie, par Beudant, 3 vol. in-4., et atlas. Paris, 1822.   72 f. p. 80 f.
Voyart, Entretiens sur la théorie de la peinture, par Voyart, in-12.   2 f. p. 2 f. 50 c.
Wright, Voyages dans les États-Unis de l'Amérique, 2 vol. in-8. Paris, 1822,   10 f. p. 12 f.

Grands Livres à figures.

Les prix des articles de cette classe sont ceux pour le public. Comme ils sont presque tous sujets à variations, on les fixera positivement lorsqu'ils me seront demandés, et on fera alors les remises les plus fortes qu'il sera possible.

Antichita di Erculano, in-fol., 9 vol. Neapoli; relié (bel exemplaire.) 8oo f.

Audebert et Vieillot, histoire naturelle générale des colibris, oiseaux mouches, jacamars, promerops, des guimperaux et des oiseaux de paradis (oiseaux dorés), grand in-fol. Paris, papier vélin, fig. en couleur. 96o f.

—Histoire naturelle des singes et des makis, in-fol. Paris, pap. vélin avec fig. en couleur. 3oo f.

Buffon. Histoire naturelle, in-4, 45 vol. 1,ooo f.

—Avec les supplémens, édition de Sonnini, in-8, 127 vol. 638 f.

—Idem, avec figures coloriées. 1,276 fr.

Baltard. Paris et ses monumens, in-fol., 2 vol., 24 livraisons. 18o f.

Clérisseau. Antiquités de la France, avec texte historique et description, par Legrand, grand in-fol., 2 vol. 18o f.

Cassini. Collection complète de la carte de France, en 182 feuilles. 1,2oo f.

Cassas. Voyage pittoresque de la Syrie, Palestine, Phénicie et Basse-Égypte, in-fol., 3 vol. Paris, figures et cartes. 9oo f.

—Voyage pittoresque d'Istrie et de Dalmatie, in-fol. Max., fig. 2oo f.

Decandolle. Plantes grasses, in-fol., 3 vol., papier vélin, figures coloriées. Il paraît de cet ouvrage 28 livraisons à 36 f.

Duhamel. Traité des arbres et arbustes qu'on cultive en France en pleine terre, nouvelle édition, figures peintes par Redouté, in-fol., 83 livraisons, papier vélin, figures coloriées, à 4o f. chaque. 3,32o f.

—Idem, format in-4, papier vélin, fig. coloriées, à 25 f. la livraison. 2,o75 f.

—Idem, papier carré ordinaire, figure, à 9 f. 747 f.

David. Antiquités d'Herculanum avec 864 fig.; avec le texte, par Sylvain Maréchal, in-4, 12 volumes. 28o f.

—Antiquités étrusques, grecques et romaines en 36o fig. avec explications, par d'Hancarville, in-4, 5 vol. 18o f.

—Muséum de Florence en 553 fig. avec explications, par Sylvain Maréchal, in-4, 8 vol. 3oo f.

—Histoire d'Angleterre en 111 fig. avec texte, par Letourneur et Guyot, in-4, 3 vol. 108 f.

—Histoire de France en 14o fig. avec le texte des mêmes, in-4, 5 volumes. 15o f.

—Histoire de Russie en 5o fig. avec texte, par Blin de Sainmore, in-4, 3 vol. 108 f.

Forbin. Voyage pittoresque en Grèce et en Palestine, grand in-fol., avec beaucoup de figures. Paris, 1819. 25o f.

Galerie de Saint-Bruno, peinte par Lesueur, et gravée par Villery, in-8, 1 vol. 4o f.

—De Rubens, dite du Luxembourg, 26 gravures avec explications, in-fol. 1oo f.

—Du Musée des antiques, dessinée et gravée par Bouillon, 31 livraisons composées de 6 gravures chaque, avec texte explicatif, à 2o f. chaque. 62o f.

Galerie du Palais-Royal, gravée d'après les tableaux qui la composent, avec l'abrégé de la vie des peintres et explication de chaque tableau; in-fol., 59 livraisons, à 15 f. chaque. 885 f.

—De Dusseldorf, 2 vol. in-fol. 13o f.

Gorii. Museum Florentinum, 12 vol. in-fol., figures (bel exemplaire. 1,ooo f.

Houel. Voyage pittoresque des îles de Sicile, Malte et Lipari, 4 vol. in-fol., reliés. Paris, 1787. 6oo f.

Levaillant. Histoire naturelle des oiseaux d'Afrique, in-fol., 54 livraisons, formant 5 vol. Paris, 1812; figures coloriées (ouvrage complet.) 1,53o f.

—Histoire naturelle d'une partie d'oiseaux nouveaux et rares d'Amérique et des Indes, in-fol., coloriées. 24o f.

Levaillant. Histoire naturelle des perroquets, in-fol., 24 livraisons de 6 planches chaque; papier vélin, figures coloriées. 72o f.

—Histoire naturelle des oiseaux de paradis, des rolliers et des promerops, suivie de celle des toucans et des barbus; in-fol., 35 livraisons à 48 f. (livre d'une exécution magnifique.) 1,6o4 f.

Leroy. Ruines des plus beaux monumens de la Grèce, in-fol., fig. 1oo f.

Landon. Vie et Œuvres des peintres les plus célèbres de toutes les écoles, avec portrait et l'œuvre complète, 18 vol. in-4, de 72 planches chaque dans le texte; chaque vol. 25 fr. 45o f.

—Description de Paris et de ses édifices, 2 vol. in-8, 1oo planches. 36 f.

—Description de Londres et de ses édifices, in-8, fig. 18 f.

Laborde. Voyage pittoresque et historique en Espagne, grand in-fol., 48 livraisons formant 4 vol. Paris, papier fin. 1,oo8 f.

—Idem, papier vélin, fig. avant la lettre. 1,728 f.

—Description pittoresque de la France, 12 vol. in-fol. Paris; grand format, fig. 1,5oo f.

—Tableaux de la Suisse, 4 vol. in-fol., fig., rel. en veau. 6oo f.

Melling. Voyage pittoresque de Constantinople et des rives du Bosphore; in-fol. atlantique, 12 livraisons (ouvrage complet.) 1,56o f.

Michaux, Histoire des arbres forestiers de l'Amérique septentrionale, 4 vol. in-4, fig. coloriées. 324 f.

Montfaucon. Antiquité expliquée, et représentée en figures. Paris, 1719 à 1724; 15 vol. in-fol., rel. en veau. 5oo f.

—Idem, grand papier. 8oo f.

Piroli. Les Antiquités d'Herculanum, 6 vol. in-4. Paris, fig. 2oo f.

Piranesi (Œuvres de) sur les antiquités grecques et romaines, etc.; in-fol. atlantique, 23 vol. Paris. 2,ooo f.

Picart. Cérémonies et coutumes religieuses, 11 vol. in-fol. Amsterdam, 1723 et suivans, rel. en veau. 55o f.

—Idem. Amsterdam, 1739, rel. en veau. 45o f.

Redouté. Les Liliacées; in-fol., 8o livraisons, papier vélin, figures coloriées (ouvrage magnifique et complet.) 2,4oo f.

Rondelet. Traité théorique sur l'art de bâtir; 8 vol. in-4, avec un grand nombre de figures. 14o f.

Ruines de Palmyre; in-fol. 1753. 12o f.

Saint-Non. Voyage pittoresque de Naples et de Sicile; 5 vol. in-fol. Paris, rel., fig. 69o f.

Saint-Victor. Tableau historique et pittoresque de Paris, depuis les Gaulois jusqu'à nos jours, in-4, avec beaucoup de belles gravures. 36o f.

Scheuchzer. Physique sacrée; 8 vol. in-fol., rel. en veau, filets. 36o f.

Serioux d'Agincourt. Histoire de l'art par ses monumens, depuis la décadence au 4e siècle jusqu'à son renouvellement au 16e; 6 vol. in-fol. avec 325 planches. 72o f.

Sacy. La Sainte Bible. Paris, 1799, etc., 12 vol. in-8, contenant 3oo figures dessinées par Marillier, et gravées par les premiers artistes. 324 f.

—Tableau historique des campagnes d'Italie; in-fol., fig. 25o f.

Traité des arbres fruitiers, édition augmentée d'un grand nombre d'articles nouveaux, par Poiteau et Turpin; in-fol., 26 livraisons, figures coloriées, à 3o f. chaque. 78o f.

Ventenat. Le jardin de la Malmaison; 2 vol. in-fol. Paris, fig. coloriées (ouvrage charmant.) 5oo f.

Vieillot. Histoire naturelle des plus beaux oiseaux chanteurs de la zone torride; in-fol., fig. coloriées. Paris, 18o6--12. 36o f.

Villemin. Monumens français inédits, pour servir à l'Histoire des Arts, dessinés et coloriés; in-fol., 22 livraisons, à 12 f. chaque. 264 f.

—Choix des Monumens civils et militaires des peuples de l'antiquité, 2 vol. in-fol., avec 18o planches. Paris, 1807. 15o f.

OEuvres de Mme Desouza, ci-devant Flahant , 12 vol. in-12 , avec gravures. 30 f.

On vend séparément.

Adèle de Sénange , 2 vol. in-12. 5 f.
Charles et Marie , 1 vol. in-12. 2 f. 50 c.
Comtesse (la) de Fargy , 4 vol. in-12. (Nouvelle publication.) 12 f.
Eugénie et Mathilde , 3 vol. in-12. 7 f. 50 c.
Eugène de Rothelin , 3 vol. in-12. 5 f.
Emile et Alphouse , 3 vol. in-12. 7 f. 50 c.
Mademoiselle de Tournon , 2 vol. in-12. 5 f.
OEuvres de Mme Cottin, 12 vol. in-18, ornés de figures (30 pour 100 de remise.) 15 f.

On vend séparément

Elisabeth , ou les Exilés en Sibérie , 1 vol. 1 f. 25 c.
Claire d'Albe , 1 vol. in-18. 1 f. 25 c.
Mathilde , 4 vol. in-18. 5 f.
Amélie Mansfield , 3 vol. in-18. 3 f. 75 c.
Malvina , 5 vol. in-18. 3 f. 75 c.

OEuvres de Madame de Genlis, avec remise de 30 p. 100.

Adèle et Théodore , 4 vol. in-12. 10 f.
Alphonse, ou le Fils naturel , 2 vol. in-12. 5 f.
Alphonsine, ou la Tendresse maternelle, 3 vol. in-12. 7 f. 50 c.
Annales (les) de la vertu, 5 vol. in-12. 12 f. 50 c.
Battuecas (les), 2 vol. in-12. 4 f.
Bélisaire, 2 vol. in-12. 4 f.
Botanique (la) historique et littéraire, 2 vol. in-12. 4 f.
Chevaliers (les) du cygne, 3 vol. in-12. 7 f. 50 c.
Comte (le) de Corke, ou la Séduction sans artifice, 2 vol. in-12. 4 f.
Discours moraux sur divers sujets, 1 vol. in-12. 2 f.
Duchesse (la) de La Vallière, 2 vol. in-12. 4 f.
Feuille (la) des gens du monde, ou Journal imaginaire , 1 vol. in-8. 5 f.
Histoire de Henri-le-Grand, 2 vol. 6 f.
Jeanne de France, 2 vol. 4 f.
Madame de Maintenon , 2 vol. in-12. 4 f.
Mademoiselle de La Fayette, 2 vol. in-12. 4 f.
Mères (les) rivales, 3 vol. in-12. 7 f. 50 c.
Nouveaux contes moraux, 6 vol. 15 f.
Palmyre et Flaminie , ou le Secret, 2 vol. in-12. 5 f.
Parvenus (les), 3 vol. in-12. 10 f.
Petits (les) émigrés , 2 vol. in-12. 5 f.
Pétrarque et Laure , 2 vol. in-12. 5 f.
Siége (le) de La Rochelle , 2 vol. in-12. 5 f.
Souvenirs (les) de Félicie, 2 vol. in-12. 5 f.
Théâtre d'éducation, 5 vol. in-12. 12 f.
Théâtre de société, 2 vol. in-12. 5 f.
Veillées (les) du château , 3 vol. in-12. 7 f. 50 f.
Vie pénitente de madame de La Vallière, 1 vol. in-12. 2 f.
Vœux (les) téméraires, 5 vol. in-12. 12 f. 50 c.
Voyage poétique d'Eugène et d'Antonine, 1 vol. in-12. 2 f. 50 c.
Zuma, ou la Découverte du quinquina, 1 vol. in-12. 2 f. 50 c.

Romans d'Anne Radcliffe. (25 p. 100 de remise.)

Châteaux (les) d'Athlin et de Dumbayne, 2 vol. in-12. 4 f.
Forêt (la), ou l'Abbaye de Saint-Clair, 2 vol. in-12. 6 f.
Italien (l'), ou le Confessionnal des Pénitens noirs, 3 vol. in-12. 7 f. 50 c.

Julia, ou les Souterrains du château de Mazzini, 2 vol. in-12. 5 f.
Tombeau (le), ouvrage posthume, 4e édition , 2 vol. in-12 , fig. 5 f.
Visions (les) du château des Pyrénées , 3e édition, 5 vol. in-12. 12 f.

OEuvres de Sir Walter Scott, avec remise de 30 p. 100.

Abbé (l'), suite du Monastère, 4 vol. in-12. 10 f.
Antiquaire (l'), 4 vol. in-12. 10 ..
Aventures (les) de Nigel, 4 vol. in-12 (1822). 10 f.
Fiancée (la) de Lammermoor, 3 vol. in-12. 8 ff
Guy-Mannering, ou l'Astrologue, 4 vol. in-12. 10 f.
Halidon Hill, 1 vol. in-12. 2 f. 50 c.
Ivanhoe, ou le Retour du Croisé, 4 vol. in-12. 10 f.
Kenilworth, 4 vol. in-12. 10 f.
Lettres de Paul à sa famille , 3 vol. in-12 (1823.) 7 f. 50 c.
Monastère (le), 4 vol. in-12. 10 f.
Officier (l') de Fortune, 2 vol. in-12. 5 f. 50 c.
Peveril du Pic, 5 vol. in-12 (1823.) 12 f. 50 c.
Pirate (le), 4 vol. in-12 , (1822.) 10 f.
Prison (la) d'Edimbourg , 4 vol. in-12. 10 f.
Poritains (les) d'Ecosse , ou le Nain mystérieux, 4 vol. in-12. 10 f.
Rob-Roy, 4 vol. in-12. 10 f.
Waverley, ou l'Ecosse il y a soixante ans, 4 vol. in-12. 10 f.
Dame (la) du Lac, suivie des Fiançailles de Triermain, 2 vol. in-12. 5 f.
Lai (le) du dernier Ménestrel , 1 vol. in-12. 2 f. 50 c.
Quentin Durward, 4 vol. in-12. 10 f.
Les Eaux de Saint-Ronaud, 4 vol. in-12. 10 f.
Redgauutelet, 4 vol. in-12. 10 f.
Lord (le) des Iles, 1 vol. in-12. 2 f. 50 c.
Marmion, et Mélanges poétiques, 2 vol. in-12. 3 f.
Mathilde de Rokeby et Harold l'intrépide, 2 vol. in-12. 5 f.
Vision (la) de don Rodrick, suivie de la bataille de Waterloo et de Thomas le Rimeur, 1 vol. in-12. 2 f. 50 c.

OEuvres de Pigault Lebrun, avec remise de 30 p. 100.

Adélaïde de Méran, 4 vol. in-12. 10 f.
Angélique et Janneton 2 vol. in-12. 5 f.
Barons (les) de Felsheim, 4 vol. in-12. 10 f.
Cent (les) vingt jours , 4 vol. in-12. 10 f.
Citateur (le), 2 vol. in-12. 5 f.
Egoïsme (l'), ou Nous le sommes tous , 2 vol. in-12. 5 f.
Enfant (l') du carnaval, 3 vol. in-12. 7 f. 50 c.
Famille (la) Luceval, 4 vol. in-12. 10 f.
Folies (les) espagnoles, 4 vol. in-12. 10 f.
Garçon (le) sans souci, 2 vol. in-12. 5 f.
Homme (l') à projets, 4 vol. in-12. 10 f.
Jérôme, 4 vol. in-12. 10 f.
Macédoine (une), 4 vol. in-12. 10 f.
Mélanges littéraires et critiques, 2 vol. in-12. 5 f.
Mon oncle Thomas, 4 vol. in-12. 10 f.
Monsieur Botte, 4 vol. in-12. 10 f.
Monsieur de Roberville , 4 vol. in-12. 10 f.
Monsieur Martin , ou l'Observateur, 2 vol. in-12. 5 f.
Officieux (l'), 2 vol. in-12. 5 f.
Tableaux de société, 4 vol. in-12. 10 f.
Théâtre, 6 vol. in-12. 15 f.

Stéréotypes d'Herhan.

A la remise de 35 pour cent.
Le prix des cartonnages est de 15 c. pour les in-18, et de 20 c. pour les in-12.

Acta et Epistolæ apostolorum, 1 vol. in-18. — 1 f. 60 o.
Appendix de Diis, auctore Lhomond, avec le dictionnaire, 1 vol. in-18. — 75 f.
Cæsaris Commentarii, 1 vol. in-18. — 1 f. 30 c.
Conciones è veteribus historicis excerptæ, 1 vol. in-12. — 2 f. 30 c.
Cornelius Nepos, 1 vol. in-18. — 85 c.
De Viris illustribus Romæ, auctore Lhomond, avec le dictionnaire, 1 vol. in-18. — 1 f. 35 c.
Ciceronis orator, in-12. — 75 c.
-- De Senectute, in-12. — 40 c.
— De Amicitiâ, in-12. — 40 c.
— Paradoxa, et Somnium Scipionis. — 40 c.
— Orationes pro Ligario et pro Marcello. — 40 c.
— Oratio pro lege Maniliâ. — 40 c.
— Pro Milone. — 40 c.
——pro Archiâ poetâ. — 40 c.
——in Verrem, de Signis. — 75 c.
——in Verrem, de Suppliciis. — 75 c.
——in Catilinam, 1, 2, 3, 4. — 75 c.
— De Officiis. — 1 f. 25 c.
— Eglogæ quas collegit Jos. Olivetus. — 75 c.
— Philippica secunda. — 75 c.
Élémens de la grammaire latine, par Lhomond, 1 vol. in-12. — 1 f. 50 c.
Élémens de la grammaire latine, par M. Lhomond ; nouvelle édition, revue, corrigée et augmentée, par C.-C. Letellier, 1 vol. in-12.
Epitome Historiæ sacræ, auctore C.-F. Lhomond, cum dictionario latino-gallico, 1 vol. in-18. — 85 c.
Excerpta è Tacito, ou Morceaux choisis de M. Rendu, 1 vol. in-12. — 1 f. 50 c.
Horatius (Quintus) Flaccus, cum indice alphabetico, 1 vol. in-18. — 1 f. 20 c.
Justini historiarum ex Trogo-Pompeio libri XLIV, 1 vol. in-18. — 1 f. 25 c.
Justiniani Institutiones, 1 vol. in-18. — 1 f. 50 c.
— Le même, 1 vol. in-12, *rouge et noir*, pap. vél. — 6 f.
Lexique latin, Dictionnaire des commençans, par Auvray, 1 vol. in-8. — 5 f.
Méthode pour étudier la langue latine, par M. Guéroult, 1 vol. in-12. — 1 f. 30 c.
Novum J.-C. Testamentum, 1 vol. in-18. — 2 f. 25 c.
Novum J.-C. Testamentum, bonne édition, 1 vol. in-24.
Nouveau (le) Testament en français, bonne édition, 1 vol. in-12.
Ovidii Nasonis selectæ fabulæ, 1 vol. in-12. — 1 f. 25 c.
Phædri, Augusti liberti, fabularum Æsopicarum libri quinque, cum notulis gallicis, 1 vol. in-18. — 75 c.
Quinti Curtii Rufi de rebus gestis Alexandri Magni, libri decem cum notis, 1 vol. in-18. — 1 f. 25 c.
Sallustii (C. C.) Catilina et Jugurthina bella, 1 vol. in-18. — 85 c.
Selectæ è profanis scriptoribus historiæ, I, V, in-12. — 2 f. 30 c.
Selectæ è Veteri Testamento historiæ, cum indice historiarum et nominum, 1 vol. in-18. — 1 f. 25 c.
Virgilius (P. Maro, 1 vol. in-18. — 1 f. 25 c.
Atlas pour le Voyage du jeune Anacharsis, in-4. — 8 f.
Aventures de Robinson, 1 vol. in-18, avec 4 figures. — 4 f.
— Le même ouvrage, avec 16 gravures. — 5 f.
Aventures (les) de Télemaque, par Fénelon, 2 vol. in-12. — 4 f. 50 c.
-- Les mêmes, 2 vol. in-18. — 3 f.
— Le même ouvrage, 1 vol. in-12. — 2 f. 50 c.
Bélisaire, par Marmontel, 1 vol. in-18. — 1 f. 50 c.
— Le même, avec 5 jolies gravures. — 1 f. 50 c.

Caractères (les) de La Bruyère, suivis de ceux de Théophraste, 3 vol. in-18. — 3 f. 75 c.
Cathéchisme historique de Fleury, in-12. — 2 f.
— Le même, à l'usage des écoles, 1 vol. in-18. — 45 c.
Conjuration des Espagnols, par Saint-Réal, 1 vol. in-18, figures. — 1 f. 25 c.
Chefs-d'œuvre de Pierre et de Thomas Corneille, 5 vol. in-8. — 7 f. 50 c.
— Les mêmes, avec les commentaires de Voltaire, 5 vol. in-18. — 10 f.
Choix de vieux poëtes français et de divers autres dont les pièces sont en trop petit nombre pour obtenir une classification particulière, par M. Millevoye, 4 vol. in-18. — 6 f.
Choix des meilleurs morceaux, 1 vol. in-18. — 1 f. 80 c.
Code civil, in-18, 1 vol. — 2 f.
Conduite pour l'Avent, par Avrillon, in-12. — 2 f. 50 c.
Conduite pour le Carême, par le même in-12. — 2 f. 50 c.
Conduite pour la Pentecôte, par le même. — 2 f. 50 c.
Contes des fées, par Perrault, 1 vol. in-18, avec 12 jolies gravures. — 1 f. 50 c.
Devoirs du chrétien envers Dieu, par Lasalle, in-12. — 2 f.
Dialogues des morts, par Fénelon, 1 vol. in-12. — 2 f. 50 c.
Dialogues sur l'éloquence, par Fénelon, 1 vol. in-12. — 1 f. 80 c.
Dictionnaire de la Fable, par Chompré, 1 vol. in-18. — 2 f.
Dictionnaire universel des Synonymes de la langue française, 2 gros vol. in-12. — 6 f.
Discours sur l'Histoire universelle, par Bossuet, 4 vol. in-18. — 5 f.
Le même, avec la continuation, 6 vol. in-18. — 8 f.
Élémens de la Grammaire française, par Lhomond, 1 vol. in-12. — 45 c.
Épitres et Évangiles, 1 vol. in-12. — 2 f. 50 c.
Le même, 1 vol. in-18. — 1 f. 25 c.
Le même, pour les écoles, in-18. — 75 c.
Fables de La Fontaine, 1 vol. in-18. — 1 f. 50 c.
Grammaire française de M. Guéroult, 1 vol. in-12. — 1 f. 50 c.
Grandeur des Romains, par Montesquieu, 1 vol. in-12. — 2 f.
Henriade (la), par Voltaire, 1 vol. in-18. — 1 f. 75 c.
Histoire de Charles XII, par Voltaire, 1 vol. in-12. — 2 f. 50 c.
Histoire de Manon l'Escaut, 1 vol. in-18. — 1 f. 25 c.
Imitation de Jésus-Christ, revue par Lambinet, in-12. — 2 f. 50 c.
Magasin des enfans, par madame le Prince de Beaumont, 4 vol. in-18, avec 4 gravures. — 4 f.
Magasin des adolescentes, par la même, avec 4 gravures. — 5 f.
Magasin des jeunes dames, par la même, 4 vol. in-18, avec 4 gravures.
Mémoires d'un homme de qualité, par l'abbé Prévost, 4 vol. in-18. — 6 f.
Mœurs des Israélites et des Chrétiens, 1 vol. in-12. — 2 f. 50 c.
Morale en action, par Bérenger, 1 vol. in-12. — 2 f. 50 c.
Mort (la) d'Abel, par Gessner, 1 vol. in-18. — 1 f. 10 c.
— Le même ouvrage avec 5 gravures. — 1 f. 50 c.
Œuvres choisies de Beaumarchais, 2 vol. in-18. — 3 f.
Œuvres de Bernard, 1 vol. in-18. — 1 f. 25 c.
Œuvres de Bernis, 2 vol. in-12, pap. fin. — 5 f.
Œuvres du cardinal de Bernis, 2 vol. in-18. — 2 f. 50 c.
Œuvres de Boileau, 3 vol. in-12. — 9 f.
Œuvres de Boileau, 1 vol. in-18. — 1 f. 50 c.
Œuvres choisies de Collin-d'Harleville, 1 vol. in-18. — 1 f. 50 c.
Œuvres de Crébillon, 3 vol. in-18. — 3 f. 75 c.
Œuvres de madame Deshoulières, 2 vol. in-12, pap. fin. — 5 f.
Œuvres de madame Deshoulières, 2 vol. in-18. — 2 f. 50 c.
Œuvres de Gresset, 1 vol. in-12, pap. fin. — 3 f.
Œuvres de Gresset, 1 vol. in-18. — 1 f. 50 c.

OEuvres de La Fontaine, 5 vol. in-18. — 7 f. 50 c.
On vend séparément :
— Fables, 1 vol. in-18. — 1 f. 50 c.
— Contes, 1 vol. in-18. — 1 f. 50 c.
— Psyché et Adonis, 1 vol. in-18. — 1 f. 50 c.
— Théâtre, 1 vol. in-18. — 1 f. 50 c.
— OEuvres diverses, 1 vol. in-18. — 1 f. 50 c.
OEuvres de La Fontaine, 5 vol. in-12, pap. fin. — 15 f.
On vend séparément :
Fables, in-12, pap. fin. — 3 f.
Contes, in-12, pap. fin. — 3 f.
Psyché et Adonis, in-12, pap. fin. — 3 f.
Théâtre, in-12, pap. fin. — 3 f.
OEuvres diverses, in-12, pap. fin. — 3 f.
OEuvres choisies de Le Sage, 10 vol. in-18, ornés de 20 jolies gravures. — 15 f. 50 c.
On vend séparément :
— Gil Blas de Santillane, 4 vol. in-18, ornés de grav. — 5 f.
— Le Diable boiteux, 2 vol. in-18, ornés de 8 grav. — 3 f.
— Le Bachelier de Salamanque, 2 vol. in-18, ornés de grav. — 3 f.
— Guzman d'Alfarache, 2 vol. in-18, ornés de 4 grav. — 3 f.
OEuvres choisies de Le Sage, 10 vol. in-18. — 13 f.
On vend séparément :
— Gil Blas de Santillane, 4 vol. — 5 f.
— Le Diable boiteux, 2 vol. — 2 f. 50 c.
— Le Bachelier de Salamanque, 2 vol. — 2 f. 50 c.
— Guzman d'Alfarache, 2 vol. — 3 f.
OEuvres complètes de Molière, 6 vol. in-18. — 10 f.
OEuvres complètes de Montesquieu, 6 vol. in-18. — 16 f.
OEuvres complètes de Racine, 5 vol. in-18. — 7 f. 50 c.
OEuvres complètes de Regnard, 4 vol. in-18. — 7 f.
OEuvres de Regnier, 1 vol. in-18. — 1 f. 25 c.
OEuvres choisies de J.-B. Rousseau, avec des notes, par M. Wailly, 1 vol. in-18. — 1 f. 75 c.
OEuvres de Voltaire.
On vend séparément :
— Romans, 2 vol. in-12. — 6 f.
— Siècle de Louis XIV, et précis du siècle de Louis XV, 3 vol. in-12. — 9 f.
— Contes en vers, 1 vol. in-12, pap. fin. — 3 f.
— Epîtres, Stances, 1 vol. in-12. — 3 f.

— Poëmes et Discours en vers, 1 vol. in-12, pap. fin. — 3 f.
— Pucelle, idem. — 3 f.
— Henriade, idem. — 3 f.
OEuvres de Voltaire.
— Henriade, 1 vol. in-18. — 1 f. 75 c.
— Contes en vers, 1 vol. in-18. — 1 f. 50 c.
— Poëmes et Discours en vers, 1 vol. in-18. — 1 f. 50 c.
— Epîtres, Stances et Odes, 1 vol. in-18. — 1 f. 50 c.
— La Pucelle, 1 vol. in-18. — 1 f. 50 c.
— Chefs-d'œuvre dramatiques, 4 vol. in-18. — 6 f.
— Histoire de Charles XII, 1 vol. in-12. — 3 f.
— Histoire de Russie sous Pierre-le-Grand, 1 vol. in-12. — 3 f.
Oraisons funèbres de Bossuet, 1 vol. in-18. — 1 f. 50 c.
Oraisons funèbres de Fléchier, Bourdaloue, Mascaron et Massillon, 2 vol. in-18. — 3 f.
Petit Carême, par Massillon, 1 vol. in-18. — 1 f. 50 c.
Poésies de Chaulieu et La Fare, 1 vol. in-12, pap. fin. — 3 f.
Poésies de Chaulieu et La Fare, 1 vol. in-18. — 1 f. 50 c.
Poëtes français du premier ordre, 9 vol. in-18. — 13 f. 50 c.
— Du second ordre, 12 vol. in-18. — 18 f.
Psaumes de David, à l'usage des écoles, in-18. — 1 f.
Religion (la), poëme, suivi de quelques fragmens sur la grâce, par Louis Racine, 1 vol. in-18. — 1 f. 50 c.
Répertoire du Théâtre Français, 67 vol. in-18. — 100 f.
— Du premier ordre, 27 vol. in-18. — 40 f.
— Du deuxième ordre, 40 vol. in-18. — 60 f.
Révolutions romaines, par Vertot, 2 vol. in-12. — 6 f.
— de Suède, par le même, 1 vol. in-12. — 2 f. 50 c.
— de Portugal, par le même, 1 vol. in-12. — 1 f. 25 c.
Tableau de l'amour conjugal, par Venette, 4 vol. in-18, fig. — 4 f.
Traité des Études, par Rollin, 4 vol. in-12, avec le portrait de l'auteur. — 12 f.
Tropes (les) de Dumarsais, 1 vol. in-12. — 1 f. 50 c.
Vie et amours du chevalier de Faublas, par Louvet de Couvray, 8 vol. in-18, fig. — 8 f.
Voyage du jeune Anacharsis, 7 vol. in-12, pap. fin. — 24 f.
Le même, pap. vél. — 48 f.
Voyage du jeune Anacharsis, par Barthélemy, 7 volumes in-18, avec les notes et les tables. — 16 f.

Supplément aux assortimens.

De Pradt, de la révolution actuelle d'Espagne, in-8. 3 f. 75 c. p. 4 f. 50 c.
— Antidote au congrès de Rastadt, in-8. — 7 f. p. 8 f.
— Congrès d'Aix-la-Chapelle, in-8. — 5 f. p. 6 f.
— Préliminaires de la session de 1817, in-8. — 5 f. p. 6 f.
— Des Progrès du gouvernement représentatif en France, in-8. 1 f. p. 1 f. 25 c.
— Pièces relatives à Saint-Domingue, in-8. — 2 f. 50 c. p. 3 f.
— L'Europe et l'Amérique considérées. 2 vol. in-8. — 7 f. 50 c. p. 9 f.
— De l'Affaire des élections, in-8. — 5 f. p. 6 f.
— Son Procès, in-8. — 5 f. p. 6 f.

— Révolution d'Espagne, in-8. — 6 f. p. 7 f.
— Congrès de Carlshad, 2 vol. in-8. — 6 f. p. 7 f.
— Sur la Belgique, in-8. — 2 f. 50 c. p. 3 f.
— Les trois derniers mois de l'Amérique, in-8. — 2 f. 50 c. p. 3 f.
— Les six derniers mois de l'Amérique, in-8. — 3 f. 75 c. p. 4 f. 50 c.
— Lettres à un électeur, in-8. — 2 f. 50 c. p. 3 f.
— Les quatre Concordats, 3 vol. in-8. — 14 f. p. 18 f.
— Suite des quatre Concordats, in-8. — 3 f. 75 c. p. 4 f. 50 c.
— Ambassade à Varsovie, in-8. — 4 f. 25 c. p. 5 f.

PARIS. — DE L'IMPRIMERIE DE RIGNOUX,
rue des Francs-Bourgeois-S.-Michel, n° 8.

LE

OU

Traité complet

Des Changes, Monnaies, Poids et Mesures

DE TOUTES LES NATIONS COMMERÇANTES ET DE LEURS COLONIES;

AVEC UN EXPOSÉ DE LEURS BANQUES, FONDS PUBLICS ET PAPIERS-MONNAIES;

RÉDIGÉ PAR ORDRE ET AUX FRAIS DU GOUVERNEMENT ANGLAIS,

EXAMINATEUR POUR LES MATHÉMATIQUES DU COLLÉGE DE LA TRINITÉ;

Traduit et calculé aux unités françaises sur sa seconde Édition;

AUGMENTÉ

De Tableaux des Monnaies d'or et d'argent, d'un Aperçu sur la Lettre de change et les Opérations de la Bourse de Paris.

In-4°, 2 vol., 36 f. p. 42 f.

Paris,

J. P. Aillaud, quai Voltaire, N° 21.

1824.